紳士淑女のジョーク全集

井坂 清
ISAKA KIYOSHI

さくら舎

はじめに

精神的に落ちこんでいるとき、大笑いすると、気分がぐっと明るくなる。精神状態だけではない。身体の動きも軽くなる。私憤《しふん》にせよ公憤にせよ、怒りがやわらぐことも、多くの人々が経験ずみだろう。

笑いに治癒力《ちゆりょく》があることには、遠い古代の人々も気づいていたらしい。いまでも南米のある先住民族では、構成員の誰かが重病にかかると、回復を速めるためにみんなが大笑いする祭りを催《もよお》すという。

またアフリカでも、病《やまい》をもたらす悪魔を病人から追い払うために、まじない師が滑稽《こっけい》な服装をして、踊り、祈るという伝統を維持している先住民族があるそうだ。

その反面、古代ギリシャの哲学者プラトンは、酒場での庶民の哄笑《こうしょう》のような笑いが好きでなかったと思われる。また、キリスト教のある宗派が笑いを否定的にみたことは、ウンベルト・エーコの名作『薔薇《ばら》の名前』からもうかがえる。

英国のヴィクトリア女王の時代には、笑いは粗野《そや》で非文明的だとされた。この傾向はしだいに薄れていくが「英国風の控えめな態度」として残った。

日本の場合、笑いについての考え方はずいぶん変わった。江戸時代、とりわけ武家のあいだでは、食事のときにはむやみにしゃべらないようにとか、武士たる者や淑《しと》やかな佳人《かじん》であろうと望む者は、軽々しく大笑いしてはいけないとか、窮屈な戒《いまし》めがあった。

それがいまはどうだろう？　日常生活のほとんどの分野で、国際交流や西洋化がすすみ、ユーモアのセンスがますます重視されるようになって、笑わせ方も笑い方も変わった。むろん、連綿《れんめん》と続いているものもある。落語や漫才、川柳《せんりゅう》などは消滅しそうもない。川柳をつくる人々や楽しむ人々は、戦前よりむしろ多いのではあるまいか。

戦後、昔ながらの大家族は急減し、少子化がすすみだした。ひとりっ子が増え、独《ひと》り暮らしの高齢者も増えつつある。近所同士、家族ぐるみのつきあいは減り、交友関係も変質していく。

こうした変化が、笑いを誘発する源にも、受け止める側にも、影響をおよぼすことは言うまでもあるまい。

アメリカのある調査によれば、平均的な子どもは一日におよそ三〇〇回ほど笑うが、大人はわずか六回から一七回しか笑わないという。日本ではどうだろう？

また、意外に思うかもしれないが、ある信頼性の高い離婚コンサルタントは、相談に来る妻たちに、夫の浮気防止には夫を腹の底から笑わせれば効果がある、とすすめている。

夫婦が健在でいるうちは、多少の諍《いさか》いがあっても、まだいい。片方が他界するとか、被介護者になると、家の中から温《あたた》かい雰囲気がしだいに消え、笑いが減っていく。

孤独は——もっと細かくいえば孤独感は——健康の敵になることが多い。そこから逃れようと映画や落語などのＤＶＤを観るのも、気分転換にはなる。しかしこんな受け身の対処方法は、当人の能動的な行動に比べて効果が乏《とぼ》しい。

それより仲間と外出するとか、勇気をあたえてくれる本を読むとか、当人の積極的な行動をともなう対処のほうが、もっと効果があるだろう。問題は、加齢がすすむにつれて、気軽に会える友だちの数がしだいに減っていくことだ。やはり、自助努力が重要になってくる。

それに、映画のような映像をともなう娯楽は、文字で表現される娯楽に比べて、想像力を働かせる余地が乏しい。言い換えれば、文字のほうが、読者の想像力をいっそう刺激し、記憶を蘇《よみがえ》らせ、脳の働きを活性化してくれるような気がする。

ヒトが笑う原因はいろいろあるが、欧米ではジョークが占める割合はかなり大きい。しかも、ジョークは聞いてよし、聞かせてよし、読んでよし、独りで思いだし笑いするのもよし……。笑いの引き金としては簡便で、用途が広い（なお、本書で扱うジョークとは「欧米で生まれたごく短い笑い話」と思っていただきたい）。

笑いの効用についての科学的研究は、二〇世紀の後半から欧米で急速にすすみ、いまでは専門家のあいだでも「笑いは最良のくすり」とさえ言われるようになった。そのうえ、人間以外の動物の中にも笑うものがいることもわかってきた。そのへんの事情については本文で少し取りあげることにしたい。

太平洋戦争が終わってから、日本では欧米のジョークがたくさん紹介されてきた。それなのに、いまさらなぜ？　と疑問をもつ読者もいるだろう。

ぼくは一九五〇年代から四十年ちかく、「週刊新潮」のジョークのページを、同誌創刊の数年後からほとんどひとりで維持してきた。そんな事情から、諸外国のジョークや著名人の逸話《いつわ》などに目を配る習慣ができ、担当するページが終了してからも、それは続いた。

ところが、こういうぼくも後期（いや末期？）高齢者の仲間入りをしてから、日本では高齢者を強く意識して書かれたか、あるいは翻訳、編集された欧米ジョークの本があまり見当たらないことに気がついた。

たとえば、活字が大きくて読みやすいジョーク本がぼつぼつ目につきだしたのは、新書版ブームが到来してからである。それでも、日本の高齢者は翻訳された欧米のジョーク本をあまり読んでくれない、と嘆く出版関係者はまだ多い。

そういう視点から見直すと、テレビやラジオのお笑い番組はいろいろあるものの、とくに高齢者が独りでいるとき、心から笑える番組にはなかなか出会えない。「若者に媚《こ》びるような番組より、モノクロ時代の喜劇映画のほうがずっと笑えるし、後味もいいぜ」と教えられて試してみたら、そのとおりだった。

そこで、高齢男女に取りついた閉塞感を解き放つような、そのうえ、読んだあとでも情景を想像したくなるような比較的短い作品をなるべく集めよう。かといって、高齢者ばかりにこだわらない。また、たとえ一篇でも、その社会の習慣や政治のあり方がうかがえる秀逸《しゅういつ》なジョークも、少しは収録する……おおざっぱだが、本書はそんなところを狙《ねら》いめにしたつもりである。

それから、欧米のジョークでは、ごく短く、切れ味の鋭い作品が、そうとうな割合を占めている。英語では、これに格言などもふくめて、たとえ二行以上でも「ワンライナー」と総称されることがよくある。強《し》いて訳せば「寸言《すんげん》」が近いだろうか。あるいは、風刺《ふうし》や警句に富んだ洋風川柳だと思えばいいかもしれない。例をあげてみよう。【本文中に太字になっているのが「ワンライナー」】

ひと目惚れはすばらしい。ずいぶん時間とお金の節約になる。

＊

お父さん、家族からビッグ・サプライズを贈ります、お母さんを。

＊

笑いは、友情を長続きさせるのに必要な潤滑油《じゅんかつゆ》である。

＊

愛は理想、結婚は現実。この二つが混じれば、罰は免《まぬか》れない。（ゲーテ）

＊

父親「この子は知性をぼくから受け継いだようだね」

母親「そのようね。わたしの知性はまだなくなっていないもの」

＊

クリスマスを前にして、ふたりの男の会話。

「去年は、サンタクロースなんか存在しないことを、子どもたちに納得させたけど、今年はもっと厄介《やっかい》なんだ」

「どうして？」

「ワイフを納得させなくちゃならないんだよ」

このように、ワンライナーには記憶にいつまでも残る「名句、迷句」がたくさんある。

また優《すぐ》れたジョークには、誰がつくったものか突き止めようがないくらい変えられたバージョンが多い。みなさんが実際につくってみる気になったとき役立つかもしれないので、主として本書の前半にはバージョンをところどころ併記《へいき》しておいた。ときには自分なりのジョークをつくってみてはどうだろう。

ただし、笑わせ上手より笑い上手のほうが好まれる場合もあることを、お忘れなく。

◆目次

紳士淑女のジョーク全集

1 快楽

まずは、つぎのジョークを読んでいただきたい。


結婚して五十年余。ふたりの暮らしは、たがいの愛情につつまれて、穏《おだ》やかに流れていた。

今夕も、幸せぶりをうかがわせる一幕があった。

「あたし、今夜はハンバーグが食べたいわ」

「いいなあ。わしも同じものにしよう。これから車でひとっ走り行ってくるよ」

「ありがとう。メモしていかないと、忘れるかもしれないわよ。それから補聴器もつけてね」

「だいじょうぶ。ちゃんと覚えておくから」

三十分ほどして、夫が帰宅した。

袋からはチーズサンドとピザが出てきた。

「ご苦労さん。あなた、よく覚えていたわね。この調子だと、ふたりとも記憶力はまだまだ衰《おとろ》えそうもないわねえ」


読んでみて、この老夫婦、ふたりともすっかりボケているな、と思う方々が多いにちがいない。しかし、そうと決めてかかるのはちょっと早すぎる。

夫のほうは若いときからそそっかしく、わがままにふるまってきたのに、妻のほうはそんな男をつねに温《あたた》かく包みこんできた。今夜も、自分が夫に頼んだのはハンバーグだったことを覚えていながら、あえてこう言ったのではあるまいか。

そうだとすれば、彼女は男を操縦する極意《ごくい》を身につけているのかもしれない、という解釈もできる。ジョークの解釈にややこしい理屈を適用するのは興醒《きょうざ》めだが、こういう小話に出会ったときこそ、想像力を働かせてみる好機になる。

こんなジョークを飲み仲間に披露すると、「いいねえ。ワイフがこんな女だったら、おれの髪はまだ黒々としていたかもしれない」とか、「いやぁ。女房がこんな女だったら、浮気したって、しがいがないなぁ」とか、話がはずむのではあるまいか。

もちろん、ひとくちにジョークと言ってもいろいろある。官能を燃えあがらせるような作品こそいちばん、と思う方々も少なくないだろう。それも悪くないが、男女の交わりには、生理的快感よりも精神的な悦《よろこ》びのほうがはるかに大きい場合もある。いわゆる「禁断の恋」である。日本でも、そのことを忘れがちな人々が増えてきたのではあるまいか。


江戸時代に例をとってみよう。あのころ、不倫は死罪に該当《がいとう》した。町家の使用人と主の妻とが恋に落ち、命がけで、はじめて肌を合わせたときの情景を想像すれば、おわかりいただけるだろう。性科学者の中に「性は文化である」と主張する人々が多いのも、こうしたことが一因になっているにちがいない。

さて、つぎは不倫を素材にしたジョークである。あちこちでよくお目にかかる、いわば古典的な傑作ジョークのひとつであり、日本でも似たような関係が現実にたくさん存在することは、ぼくも承知している。

「あの夫婦は結婚して二十年以上たつのに、まだ熱烈な恋愛関係を維持しているそうよ」
「まさか！　夫婦のあいだに情熱がそんなに長く続くことは、ありえないわよ」
「早合点《はやがてん》しないで。奥さんのほうはあるお医者さんと、ご主人のほうはお隣の奥さんと、よ」

わたしたちが生きていくうえで、笑いはきわめて重要な役割を担《にな》っている。そして笑いの中でジョークが大きな割合を占めていることは言うまでもない。

ついでながら、古代ギリシャの哲学者アリストテレスは、笑うのは人間だけだと考えたが、それは誤りだとわかってきた。二〇世紀の後半から、笑う動物たちがいるという発見が続いているのだ。

もちろん、それらの動物独特の声やしぐさで「笑う」のであって、ヒトと同じ声を発し、同じメカニズムをそなえているというのではない。

ここで、西暦二〇〇〇年にアメリカで出版されたロバート・プロヴァイン著『ラフター：科学的研究』からすこし紹介させていただく。まず、この本の中には、アフリカのルワンダでマウンテンゴリラの生態調査を長期にわたっておこなった、あのダイアン・フォッシーの報告に触れた個所がある。それによると、若いオランウータンは、脇の下をくすぐってやれば、ヒトの子どものようにくすくす笑うし、笑い声はあげないが、ときには顔に笑いの表情を浮かべるという。

チンパンジーもやはり笑う。しかし、笑い方はヒトとは異なる。ヒトが息を吐きながら「は、は、は……」と笑うとき、「は」という音はしだいに弱くなっていく。つまりデクレシェンドになる。しかし、チンパンジーの場合、一呼吸で喘《あえ》ぐような声を出し、これが笑い声の一単位になる。

ヒトの笑いの一単位を「ha」とローマ字で書けば、笑うにつれて ha ha ha の声がしだいに小さくなる。チンパンジーの声は、最初の一単位の音が息を吐きながらの ha となり、つぎは息を吸いこみながら ah という音を出し、そのつぎには最初と同じように ha の音を出すという。

さらに二〇〇九年にやはりアメリカで出版された『コウモリは歌い、ハツカネズミはくすくす笑う』(カレン・シャノー&ジャグミート・カンワル著)によれば、霊長目の動物は笑うことが好きだし、「ほとんどヒトのように笑う。彼らは歌わない。しかし踊るのが、とりわけドラム・ビートに合わせて踊るのが、好きである」……スタンフォード大学の「カール・プリブラムによれば、命じられた踊りを雄がうまく踊りとおした場合、ペニスが勃起《ぼっき》する。うまく踊れなかったときには、ぐんにゃりとなる」とある。

ある著名な政治家は「成功は最良の催淫剤《さいいんざい》である」と喝破《かっぱ》したそうだが、まさにそれと共通するではないか。

いずれにせよ、動物の笑いについての科学的研究は、まだ始まったばかり。今後はますます興味深い知見が報告され、その中に、よく笑うサルは長生きするという発見がふくまれるかもしれない。

成人した人間の笑いは、本能的な部分と文化的な部分とから成り立つ。たとえばアメリカの映画には、大皿にのったデコレーションケーキを相手の顔にぶっつけるシーンがときたま出てくる。こんなとき、顔中べたべたするクリームに覆《おお》われた被害者が悪玉か善玉かに関係なく、観客は大笑いする。

かつての日本ではこういう光景はあまり馴染《なじ》めなかったように思われる。つまり笑いは、当事者が生まれ育った社会の習慣その他に影響される。したがってジョークの中にも、その国の伝統とか地域的制約などに通じた人々にしか理解できないものがある。

別の角度から見れば、ジョークは異なる文化的伝統を垣間見《かいまみ》る覗窓《のぞきまど》にもなり、その国の事情を知るうえで有益な参考になることもある。

年を重ねるにつれて、流れ去る時のスピードが加速する。わたしたち高齢者は、空前のスピードでめまぐるしく変わる世の中から置き去りにされていくような不安に、しばしば襲われる。そうはいっても、こんな気分は身体的な痛みを惹起《じやつき》しないから、まだなんとか我慢できる。しかし、自分の身体の劣化を示す生理的データがあらわれると、笑いごとではない。

兆候はいろいろなかたちで自覚される。そういえば、めがねが合わなくなってきた。坂道を登るとき息切れがする。歯がぐらぐらする……中でもこたえるのは、病院で検査を受け、医師からこんな結果を知らされたときである。

「この数値を見てください。これまでと同じ生活を続けていれば、糖尿病になりますよ。そうなったら、血管は弱くなり、視力は落ちるし、さまざまな障害が出てきます……」

しかし、加齢にともなう劣化現象の中で、高齢者——とりわけ男の高齢者——の大多数がいちばん悩むのは、じつはアチラ、つまり下腹部のアソコの衰えだろう。その前兆はつぎのようなかたちであらわれるかもしれない。

出勤日の朝、洗面所から出てきたカーター氏が、食卓についた。彼は、きれいに剃《そ》った顔を撫《な》でながら、奥さんに言った。

「さっぱりしたよ。顔をあたると、二、三歳、若返ったような気分になるんだ」

奥さんは急に声を落とし、艶《つや》っぽい口調になった。

「ねえ、それなら、たまには寝る前に剃ってくださらない？」

この原文が「たまには」でなくて「毎晩」となっていれば、この夫婦の関係は破綻《はたん》に向かっている可能性や、彼女が好色である可能性などがうかがえる。

いずれにせよ、奥方のこんな言葉は、由々《ゆゆ》しい警報にほかならない。うかつな夫がそうと気づかずにいると、心の奥で恐れていた事態が、つまり奥方とのお定まりの営《いとな》みを達成できないときが到来する。

「あら、あなた。今夜はどうしたの？　ちっとも固くならないじゃないの」と聞かれて、「うーん。今夜は腹具合がおかしいんだ」とかなんとかごまかし、その場はどうにか切り抜けても、同じことが何度か続くと、奥方の態度が硬化して、「あなた、まさか浮気しているんじゃないでしょうね」とくる。

夫たる者、妻からあらぬ疑いをかけられて、そのつど平身低頭してはいられない。当人は「おれはもうオトコではなくなった」とは思っていない。げんにしゃれたバーなんかで、若くてきれいな女の子からほほ笑みかけられたときなんか、「いい女だなあ。あの子の電話番号を聞いてみようか」と思うくらい、気力も充実してくるのである。

男の欲情から放出までのメカニズムは、かなり繊細である。それを理解できない女は意外に多いらしい。いずれにせよ、このようなできごとを経て、回春への努力が始まる。

慌《あわ》てる必要はない。「夫のインポテンツ」が離婚の理由になることは、「性格の不一致」よりはるかに少ないはずである。

その昔フランスでは、一六世紀から（一四世紀からという説もある）一七世紀にかけて、妻のほうが夫のインポテンツを申し立てて、それが事実だと証明されると、離婚が認められていた。これは宗教上の理由から決まっていたのであり、問題は夫が性的不能者であることをどうやって証明するかであった。その手順を簡単に述べておこう。

まず、妻がほんとうに跡継ぎを生む必要から離婚を望むのかどうか、調べるために教会裁判がおこなわれる。

夫は、神父や医師、産婆からなる専門家チームの面々によって、ペニスが自然の力で勃起し、妻の深奥へ入り、射精することを目撃してもらわなければならない。

しかし現実には、これほど厳しい監視にさらされながら妻の体内に放出できる剛の者――いや無神経男？――がそうたくさんいるはずがない。

そのあげく夫に有利な確証が目撃されないときには、彼は議会による裁判を受ける権利を行使できる。この裁判は、被告と原告の両者に対して中立的な地域を選んでおこなわれる。どちらかが不自然な道具をこっそりもちこむ可能性があるので、監視の目はいちだんと厳しくなる。たとえば妻が処女であったように見せかけるため、動物の血を使おうとする試みなど、めずらしくなかったようだ。

なにしろ跡継ぎがからむ裁判である。両者はたいてい貴族だから、ばくだいな財産もからんでくる。当時は裁判が世間の話題になり、まるでカーニバルのような賑《にぎ》わいを呈したこともあるという。

では、本題に戻ろう。まず手っ取り早くできるところでは、自己暗示という助け舟がある。

つぎにあげるのはその一例。


妻をベッドで待たせておいて、ボンベル氏は寝室の外に立ち止まり、自己暗示を始めた。

「あの女はおれの女房ではない。おれの女房ではない……」

頭の中でゆっくり自分に言い聞かせていると、じわーっと効《き》いてきた。下腹の奥のほうで熱い力が湧《わ》いてくる。

「しめた。うまくいきそうだぞ！」

ボンベル氏は目を閉じ、下腹にいっそう念力を集中した。そのとき、耳元で妻の声がした。

「あなた、ぶつぶつ何を言ってるのよ。早くベッドへいらっしゃい！」


この結末はどうなるか、想像してみよう。
1　肝心の部分が萎《な》えて、その夜も役立たず。
2　妻はソコを見るなり、急にうれしそうな声をあげて、ソコへそーっと手を伸ばし、やんわり握ってベッドへ……。
3　彼女はそっと体を寄せて「まあ、すっかり冷たくなったじゃないの。あたしが温めてあげる」。

結果がどうであれ、大切なのは、この場をどう切り抜けるかである。参考までに一例だけあげておこう。ボンベル氏はこういうせりふでごまかす。

「なぜか、ここまできたら、ぼくたちの新婚旅行の最初の夜を思いだしてね。あのときのきみはすばらしかった！　きみは何回ぼくを奮い立たせてくれたかねえ？」

ともかく、実効のある回春方法を見つけるのが急務である。

まずは、精がつくという食べ物を教えてもらって、試してみる。薬草入りのアルコール飲料などなど。それに、「金冷法」とかなんとか、さまざまな民間伝承。これらと並行して体力を強めてくれそうなジョギングやら太極拳《たいきょくけん》やら。いちいちあげればキリがない。

ここでは、自力で試せる精力回復方法として、アメリカの高名な行動心理学者の実例にすこし触れておきたい。

「スキナー箱」という言葉をご存じだろうか？　箱の中にいろいろなかたちのレバーやボタンを取りつけ、そのどれかを押すと、特定の餌《えさ》が出てくるという仕組みにしておく。そこへラットを入れて、ラットが学習するありさまを研究する。この装置を考案して、行動心理学に多大の貢献をしたのがB・F・スキナーである。

そのスキナーは、引退したのち、ある心理学会の冒頭講演で、自分が回春のためにポルノを利用して成功したことに触れた。

「ええっ！　あなたはその講演を聴《き》いたのですか？」と聞かないでください。この話はニューヨーク・タイムズ紙の科学欄で紹介されたものです。

スキナーがどんなポルノをどんなふうに利用したか、もう何十年も前の記事なので、ぼくも細部は忘れてしまったけど、その気がある方は、さまざまなポルノを試してみれば、自分に合うものが見つかるかもしれません。

つぎに紹介するのは、ハリウッドの映画監督にまつわる小話。

加齢とともに加速的に心身が衰えるのを感じたその映画監督は、精神分析医に助けを求めた。分析医は、監督の悩みをじっくり聞いてから、ひとつの方法を提案した。

「あなたには好きな若い女優さんがいるでしょう。その女優さんをベッドに連れこんで、ふたりが一つに結ばれるところを空想してみなさい」

「ええっ。わたしのベッドへ？」

「そうです。毎晩、空想を続けていると、目が覚めたときには、あなたの性器が怒張していることに気がつくでしょう」

監督は、その夜から実行しはじめた。すると、二週間もたたないうちに効果があらわれた。夢の中で、彼女は輝くような肢体《したい》をすっかりさらけだして、監督を誘った。

「おお、キャロライン、きみを愛しているよ。わたしはずっと前から、このときを夢見ていたんだ」

そういったところで、監督は目が覚めた。ところが、薄目を開けると、そばに寝ている妻が柳眉《りゅうび》を逆立《さかだ》てて、らんらんと睨《にら》んでいた。彼はとっさに横を向き、大声で叫んだ。

「カット！　この場面のセリフはこんなふうに言うんだ。さあ、つぎは豚小屋で滑《すべ》って転ぶシーンだぞ」


さすが、場面転換の要領を心得ている映画人らしい切り抜け方ではないか。いやいや、もっと気の利《き》いたかわし方があるよ、と反論したい経験者もいるかもしれない。それなら「浮気の現場を切り抜けるには」というタイトルで経験談を募集して本にすれば、いまの日本なら隠れたロングセラーになるかもしれない。なにしろいまのわが国では、亭主持ちの女たちの浮気が急増中のようだから、潜在購買者は多いだろう。

現代のアメリカでは、既婚男性の三八〇〇万人から五三〇〇万人が不倫しているそうである。浮気はもっと多いのではあるまいか。

ジョークの中には、自宅へよその男をくわえこんでお楽しみ中、不意に夫が帰宅したときのようすを描いた秀作があるので、そのひとつを紹介しておこう。


煉瓦《れんが》職人のピエールが、組合の寄り合いと懇親会《こんしんかい》とを兼ねた集まりに、泊まりがけの予定で遠くの町へ出かけた。カミさんのジャンヌは、日ごろ色目を使って誘いをかけてくるハンサムな金持ちを、このときとばかりに自宅へ連れこんだ。

男は気がよさそうで、こんなことにまだ慣れていないようす。ジャンヌにとってははじめての不倫である。男の腕に抱きこまれ、熱いベーゼが始まったときから、彼女は濡れていた。もう夢中だった。

どれくらい時が流れただろう。突然、亭主の大声がして、ジャンヌは飛び起きた。そばの金持ちは凍りついたようになり、ぶるぶる震えている。亭主は、なにかの理由で急に戻ってきたのだ。

ジャンヌは、とっさに、この場は開き直るしかないと覚悟して、亭主に言った。

「あんた、無作法が過ぎるじゃないの！　この方を誰だと思っているの。あんたが欲しがっていた釣り道具一式をあたしの名前で買ってくださったのは、こちらさんなのよ！」

「え、えっ？」

じつは、釣り道具はジャンヌの父親からの、彼女の名前を使っての贈り物だったが、これが利用できる、とうまく思いついたのだった。彼女はさらに続けた。

「それだけじゃないよ。この方は、近いうちに、あんたが夢にまで見るハーレー・ダビッドソンを贈ろうとまでおっしゃっていなさるんだから！」

「そ、そんなら、大切にしてあげろ」と亭主の態度が一変した。「ほら、ほら、早く毛布をかけてあげろ。ブルブル震えていらっしゃるじゃないか！」

このジョーク、開き直った女の凄《すご》さを示唆《しさ》してくれる代表的な作品でもある。それにしても、このあと小心者の金持ちは高級オートバイを贈っただろうか？　気になるところである。

それはさておき、多種多様な策を講じても役に立たず、それでも性への執念を簡単にふっ切れない男だって少なくない。そこで思いつくのは荒療治《あらりょうじ》つまり外科的解決法とか、超能力治療である。まず外科的解決法に頼った男の例をあげよう。


もう何ヵ月も前からアソコが屹立《きつりつ》しなくなって悩んでいたフラー氏が、台湾へ出張することになった。そのことを友人に話すと、耳よりな情報を教えてくれた。台湾には男性性器の移植手術を手掛けるクリニックがある、金はかかるが、成功率は高いそうだ……というのだった。フラー氏はそのクリニックのことを調べ、電話番号やメールアドレスを突き止めて、出張期間との関係を調整し、予約した。もちろん、妻には内緒である。

手術は成功しました、とドクターは保証してくれた。

帰国した最初の夜、フラー氏は妻を先にベッドにあがらせ、ちょっと間を置いてから、彼女のそばに立った。

ところが、彼女はフラー氏の下腹部を見るなり、落胆の声をあげた。

「あーら、それは役に立たないわよ。あなたのお友だちのボブのものじゃないの」

言うまでもあるまい。この妻の最後のセリフは、ボブとの関係をうっかり露呈している可能性が高い。では、霊能治療の結果はどうだろうか？

初老のラビンスキー氏は、万病を治《なお》すという霊能者をテレビ局が起用して大成功している、と友だちのイリヤから聞いた。そこで彼は、妻がベッドに入ってから、こっそりそのテレビ番組をつけて、右手をスクリーンに当て、左手を自分の股間《こかん》に差し入れて、霊能者の指示にしたがい、ムスコよ蘇《よみがえ》れと何度も念じてみた。

どれほど時間がたったろう。不意に妻の声がした。

「あなた、そんなことをしても無駄よ」

「な、なんだって？　イリヤは効いたと言ってたぞ」

妻は冷酷に宣告した。

「だってテレビでは、調子の悪いところが治ると言っているそうよ。あなたのソコは、とっくに死んでるじゃないの」

ラビンスキー氏にとって、妻の言葉はまるで死亡宣告のように響いたかもしれない。しかし相手によっては、死んだはずのムスコが蘇るかもしれないのだ。どうやら彼女も男という生き物の微妙な心理を把握《はあく》していないらしい。

こういうタイプの女は、男についての認識ばかりか、自分のことも誤認しがちである。


若い女たちが、このごろ夜間の独《ひと》り歩きは物騒になった、と嘆いていた。

「ほんと。あたし、ゆうべも変な男に道端で言い寄られたわ。それもセンスのない言い方でね」

「あたしも、男たちからしつこく付きまとわれるの。あいつら、自分が女に嫌われるタイプだとわかっていないんだから」

ちょうど、そばで聞いていた初老の婦人が反論した。

「それは、あなたたちが物欲しげに見えるからですよ。あたしから見て、男の人たちは以前ほど無礼ではなくなりました。その証拠に、あたしに言い寄る男性はいなくなりましたからね」


このご婦人などは、鏡を見ても何年も前の自分しか見えないようだ。ヒトの目には、自分が見たいものしか見えない。


ジュリーとケイトがめずらしく胸襟《きょうきん》を開いて話していた。

「ねえ、あなたのいちばん悪い欠点は何だと思っているの?」とジュリーがたずねた。

「自分では認めたくないいんだけど」とケイトが率直に答えた。「いちばんの欠点は虚栄心《きょえいしん》だと思うわ。ときどき鏡の前に腰かけて、自分の顔をうっとりと眺めるの」

「それなら心配する必要はないわよ。そんなの、虚栄心ではなく、ただの空想にすぎないもの」


　このジョークの最後の部分。「それはね、コンタクトレンズが合わなくなったのよ」としても悪くないところだが……。


「あなたのお姉さんは、まだ退院しないの？」

「ええ、まだしばらく病院暮らしが続きそうよ」

「ドクターから容体を聞いたの？」

「いいえ。ドクターには会っていないわ。ちらっとお顔を見ただけなの」

「それだけで、どうして長引くとわかるの？」

「そのドクターは ね、姉が若いときの恋人によく似ているのよ」

＊

暦のうえでの年齢は、老いの進行とは関係ない。年齢はまさに心の状態である。

＊

これだ、人生の大半をつぎこんでこの道を進もう——こう気がついたとき、あなたの人生の大半は浪費されたあとである。

＊

結婚とは、最良の伴侶《はんりょ》に出会うまでの、最良の手段。

＊

過去については歴史学者が、未来についてはエコノミストが、教えてくれる。現状については、誰もかれもが知っているつもり。

＊

学ぶことをやめたら、それが二十歳のときであろうと、七十歳のときであろうと、あなたは老人になる。

つぎは、どちらが釣りあげたのか、釣りあげられたのか、わからない男女の風景。

若づくりのふたりの女が小声で話している。

「あたし、ゆうべはいい思いをさせてもらったわ」

「あーら。めずらしいわね。何があったのよ？」

「公園の木立の陰に立ち止まって休んでいたら、後ろから誰かが忍び寄る気配がしてね。こちらがじっとしていると、両手でやんわりとあたしの目を覆って、『わしが誰か当ててみな。名前を四つあげて、その中にわしの名前が入っていなければ、罰としてベッドへ連れこむぞ』と言うじやないの」

「すると、あなたの知り合いだったの？」

「いいえ。声や仕草から、はじめて会う男だとわかったわ。それも少々老けた、ね」

「それで、あなたはどうしたの？」

「こういってやったわ。ジャック・ケネディ、アブラハム・リンカーン、ビング・クロスビー、クラーク・ゲーブル」

「まあ、どうしてそんな……」

びっくりする相手に、こんな説明が返ってきた。

「抱きつかれたとき、上着のポケットに分厚いお財布がはいっているとわかったからよ」


言うまでもなく、彼女があげた人物は故人ばかり。つまり彼女は、一瞬のうちに男がカモだと感じとるほどのプロだったのだ。

この小話を男の側から書いてみると、こんなふうにもなるだろうか。


ふたりの初老男性の会話。

「きのうは思わぬ拾い物をしたよ。ぴちぴちした美人とベッドインしたんだ。気立てのいい子でね」

「また札びらを見せびらかしたんだろう」

「いやいや、そんなやぼったい真似はしないさ。公園で、ぼんやりしているその女を見つけてな。後ろからそーっと近づいて、両手で彼女の目を覆い、『わしはだーれだ？　わしにこうされてあんたが思いだす男を、つまりわしの名前を、一分以内に当ててもらおうか。失敗したらベッドでいじめてやるぞ』とささやいたんだ」

「ふん、ふん。それから？」

「そしたら、たてつづけに、有名人の名前ばかりあげるじゃないか。スティーブ・マックィーンやロック・ハドソン、ユル・ブリンナーなどなど。その数が一〇人を超えたとき、わしはうれしくなって、えーい、この女なら相場の二倍はあたえてもいい、という気になったんじゃ」


では、性欲が復活しても相手に恵まれない人々はどうするか？　前述の行動心理学者の試みを、ジョークのかたちで再現してみよう。


六十代半ばをすぎてからそれぞれ独り暮らしになった男がふたり、コーヒーを飲みながら静かに庭を眺めていた。そのうちに、ひとりがぽつんと言った。

「自分がこのまま老いさらばえるのかと思うと、気が滅入るよ」

友だちは大きくうなずき、微笑を浮かべながら提案した。

「それなら、気分転換になる妙薬を試してみるかね？」

妙薬とはポルノ映画のことだった。彼はいったん家に帰り、ポルノ映画を収録したＤＶＤと再生装置一式をそろえて戻ると、すぐ観られるようにセットして、帰っていった。

翌日、友だちは早々とやってきて、結果を聞いた。

「あんなものを観たのははじめてだろう。どうだった？」

「驚いたぜ」と相手は正直に答えた。「三回目に再生したときには、半分もすすまないうちに、じっと腰かけていられなくなったよ」


このふたり、アッチのためのエネルギーは、十分に残留しているらしい。「小人、閑居《かんきょ》して不善をなす」という言葉があったが、こういう行為は「不善」に当たるのだろうか？

高齢になるにつれて、徘徊癖《はいかいへき》がすすむことが多い。あらわれ方はさまざまだが、つぎは症状が比較的軽い男女のケース。


森林公園に近い町でのこと。

気の合うふたりの高齢男女がいなくなった。森のほうへ歩いていくのを見かけたという住人の話にもとづいて、森林レンジャーの捜索隊が編成された。それから数時間後、ひとりのレンジャーが暗くなりかけた森の中でふたりを見つけた。ふたりとも少し疲れたようすで、ほかに異常は認められなかった。

「このトラックに乗りなさい。町までお連れします」

「ま、待ってくれ」と爺《じい》さまのほうが言うと、婆《ばあ》さまも同調した。

「そうよ。せめて二、三時間ね。あたしたち、腰を下ろしてしばらく休みたいの」

「それに、いま帰ったら、ふたりとも家族からきつく叱《しか》られるだけじゃ」

「ね、わかるでしょ？　あと二、三時間たてば、町では大騒ぎになって、警察の捜索隊もやってくるわ。その頃合いにあたしたちがあなたといっしょに帰れば、みんな大喜びして、ケーキやアイスクリームなんかをくださるでしょうね。そのうえあなたも、よくやったと褒《ほ》められるにちがいないわよ」


さすが、年の功というか。このふたりは、人々や地域社会の行動を熟知している。こんなかたちで落着すれば、森林レンジャーもうれしかっただろう。

では、このあたりで、口だけはまだまだ達者な爺さまたちに登場してもらおう。


ある港町で、七十前後と思われる爺さまたちがテラスのテーブルを囲んで、ビールを飲みながらしゃべっているうちに、いつものように当節の若者たちの批判になった。

「このごろは、若い連中までナニをするとき薬に頼るそうじゃないか」

「そうそう。バイアなんとかという薬をはじめ、何種類も出まわっているようだぜ」

「そんなもの、わしらには必要なかったのぉ。いまだってコトの前に生牡蠣《なまがき》を五個も食べれば、ひと晩に三回はできるわい」

それまで黙って聞いていたひとりが、口をきいた。

「へーえ。牡蠣がそんなに効くのかね。わしは山国育ちなもんで、はじめて聞いたよ」

「なら、今夜にでも試してみなせえ」

翌日、また同じ顔ぶれがそろった。

「どうだね。牡蠣を試してみたかね」

山国育ちは首を横に振った「試したけど、わしにはあんまり効かなかったなあ」

「ふーん。おかしいのぅ」

「わしは事前に確かめておこうと、牡蠣を一〇個買い、途中の赤線でその半分を使ってみたら、すんなりと五回はできたぜ。それで、わしはご機嫌で家へ帰り、残る五個を食べてから、古女房を抱いたところ、たった三回しかできなかったのだよ」


こういうスーパーマンが現実に存在するはずはない、とそっぽを向くのはお待ち願いたい。ジョークには大嘘《おおうそ》も出てくるし、現実味の乏《とぼ》しい誇張《こちょう》も少なくない。動物が人語で人間を貶《けな》すシーンもたまには出てくる。

虚構に対しても、ときにはおおらかな気持ちで向きあおう。そんな心境になれたら、あなたの度量はいちだんと大きくなり、ジョークの味わいも深くなるだろう。
このあたりでワンライナーを、どうぞ。

あるイギリス人は言っている。「ジョークは人生のスパイスだ」

＊

笑え。そうすれば、あなたとともに世界が笑う。

＊

よいことは早死にしない。ジョークはその証《あかし》。

＊

「なんですって？　長生きしたい？　それならゆったりと生きることよ」

＊

所有しているものを分かちあえば、二倍の価値がそなわる。

世の中には、セックスをたんなる肉体的快楽とみなさず、ふたりの愛の重要なひとつの要素だと思う男女もいる。そんなカップルの一方が不能になった場合、たがいに協力して治療を受けて成功するケースが、とくにアメリカには少なくないようだ。

参考までに、自助努力に関連した方法として、ひとつ紹介させていただきたい。

一九六〇年代のはじめ、人間の性的反応についての研究書がアメリカで発売されて、世界中の注目を集めた。著者はウィリアム・マスターズ博士とヴァージニア・ジョンソン女史。それは女性の膣内に小型カメラを挿入して、クライマックスのときの膣のようすを撮影するとか、それまでのセクソロジーにはない、冷徹なまでに徹底した調査だった。その派生効果のひとつとして、夫婦の片方が不能になった場合の治療方法ができあがった。

治療を受けにきたカップルは数日間、宿泊所に泊まり、指示《いし》にしたがう。まず、しばらくは会話が全面的に禁止され、ふたりは表情や身振り手振りで意思を伝える。入浴のさいも、ふたりは無言を続け、たがいに体を洗いあう。このような無言の行《ぎょう》のあいだに片方が性的に高まることがあっても、性交は禁止されている……。

この無言の禁欲期間が、治療効果をもたらすらしく、マスターズ博士が他界してからも、セントルイスのクリニックを訪れる治療希望者は絶えなかったという。

「無言の行」――一考に値する夫婦和合の方法ではあるまいか。

そういえば、様相がまったく違う風変わりな無言劇がジョークにもある。

アメリカからはじめてパリを訪れた家具職人のエドワードが、フランスの家具の出来栄《ば》えを知ろうと、家具屋をきょろきょろと探していた。

そこへ、美人とは言いがたいが魅力のある若い女が近づいて、にっこりとほほ笑みかけ、フランス語でなにやら話しかけた。が、彼には何のことだかわからなかった。

やがて、身振り手振りの会話?が始まったが、さっぱり通じない。エドワードはふと思いついて、家具屋を探していることをわからせようと、手帳を出し、ベッドの絵をすらすらと描いて見せた。

女はにっこり笑い、自分の胸を指さして、彼と腕を組んだ。


この「無言の会話」がどういう結末になったか……ご想像にまかせよう。

老化現象のひとつに難聴《なんちょう》がある。耳がちょっと不自由になったからといって、悲観して落ちこむだけでは情けない。ここで聴力低下にまつわる作品をいくつか——。


高齢の母親と同居しているアマンダの家に、久しぶりで兄弟姉妹がそろった。はじめのうち、母親も客間でにぎやかなおしゃべりに加わっていたが、やがて疲れたといって自室に退いた。

残った家族の話題は遠慮のないものになり、そのうちに母親の健康状態が関心の的《まと》になった。

「そうね。血圧はほぼ正常。足腰も丈夫よ」

「では、もの覚えは?」

「ちょっと悪くなったわね。耳のほうも、若いころよりかなり遠くなったわ」

「お友だちとは、相変わらずおつきあいしているの？」

「そっちのほうは相変わらずよ。この前は、オペラに行くからといって、ロングドレスを新調したばかりなの」

「そう。では、お金づかいも相変わらずなのね」

「困ったものだなあ」

「いまのうちに、あたしたちに分配してくれるといいのに」

「しーっ！」とアマンダが制止した。「気をつけてよ。お母さんは、自分の悪口だけはよく聞こえるんだから」


この話には思い当たる読者がいるにちがいない。ぼくの遠い親戚の爺さまなどは、「おじいさん、耳が聞こえないと、さぞ不自由でしょうねえ」と同情されるたびに、「なーに、わしはちっとも不自由しとらんよ。不自由しとるのは周りの連中じゃ」とのたまう癖があった。そんなの、はた迷惑じゃないの、と貶さないでいただきたい。この爺さまは百歳ちかくまで生き抜いた。ぼくは、家族みんなの思いやりがあったからこそだろう、と信じている。

難聴と聞けば、補聴器という文明の利器が頭に浮かぶが、高齢者によっては、そんなものにはなるべく頼らずに暮らしたいと願う人々もいる。

遠方へ嫁いだ娘が、久しぶりに実家へ帰ってきた。ふと見ると、玄関へ出迎えた母親が耳から栓《せん》のようなものを取りだして、財布にしまおうとした。

「あら、お母さん、補聴器を使いだしたの？　ちょっと見せて」

ためらう母親から奪うように取りあげてみると、古びた補聴器の一部だった。

「まっ、こんなに古いものを！　あたしが新しいのを買ってあげる」

実家の跡を継いだ長男のほうへ娘が非難の視線を送ると、兄は笑顔で言った。

「まあ母さんからわけを聞いてくれ」

こんどは母親が説明した。

「あたしゃ、まだまだ補聴器なんかのお世話にならないよ。この壊れた耳栓をさしこむと、みんなが声を大きくしてくれるのでね」


人によっては、補聴器を盗聴器として利用することがあるらしい。


資産家のモルソー氏が、補聴器について古い友人にたずねた。

「わたしも耳が遠くなってきたよ。きみはかなり前から使っているそうだが、使い心地はどうかね？」

「なかなか役に立つぜ。わたしの前では正直そうにふるまっているのに、中身は腐っている人間がいかに多いか、よーくわかったよ」

「ふーん。たとえばどんな？」

「わたしの遺産を狙《ねら》うやつらがいるとわかってね。遺言をもう三度も書き換えたのだ。ただし、『この補聴器はちゃんと作動しない』としょっちゅう愚痴《ぐち》をこぼしていれば、いっそううまくいくぜ」


老化につきものの症状に記憶力の衰えがある。それに関連するジョークも紹介しよう。


小さな企業のワンマン社長が、雇って間もない女性社員をモーテルへ連れこんだ。ことが終わり、ベッドから下りて脱いだものを着ている女性に、社長が声をかけた。

「さっき約束したプレゼントのことだが、二、三日中に買っておくからな」

すると、彼女はにっこり笑って言った。

「いいんですよ。それより、社長さんはこのごろ物忘れがひどいそうだから、いつまでに、どこのお店で何を買ってくるか、指示するメモを、今日のうちに秘書の方に渡しておいてください。頃合いをみてあたしが秘書の方からいただきますわ」


この会社、全体にからっとした雰囲気のようで、これなら誰と誰とが深い仲になったらし

いとか、陰湿ないざこざとは無縁だろう。経理もずさんになっていたにちがいない。

日本の経済が急成長を続けたいわゆる「バブル」期のころ、ぼくは銀座で、和装のホステスが、彼氏から二〇〇〇万円の指輪を贈られたと同僚に打ちあけるところに、たまたま居合わせたことがある。ふたりの声の様子から、指輪代が彼のポケットマネーから出たとはとうてい思えなかった。とすれば、彼が経営する会社の帳簿を操作したのでは？……社内浮気などあけっぴろげというこのジョークを読んだとき、二〇〇〇万円の指輪の話が頭をよぎり、その社長も会社の帳簿を操作しているくちかな、と思ったものだった。


「あたし、いくら緊張して覚えても、すぐに忘れてしまうものが三つあるの」

「そいつは何だい？」

「誰と、どこで、何をしたか、ということよ」

「それじゃこれから、ぼくといっしょに、きみのアパートへ行って、脱がしっこしようじゃないか！」


自分の老いに気がつくと、どうしても遺言や死にざまについて考えるようになる。「武士道と云うは死ぬ事と見つけたり」という発想を実行しようと決めるお人は、いまどきいないだろう。また、「ねがわくは花のもとにて春死なむ……」というような孤独で優雅な死にざ

ま願望は、欧米のジョークの世界にはめったに見つからない。そこで、最後までアチラのほうは現役でいたいという本音《ほんね》がどぎついくらいにあらわれた、古典的なやつを二つほど。

どんな最期《さいご》を迎えたいか、七十をすぎた三人の男が話していた。

「死ぬときには、スポーツカーを思いっきりぶっとばして、壁に突っこむ。こういう壮絶な最期が理想だよ」

「わしは違う。素っ裸の若い女体を抱いたまま息を引きとりたいねえ」

すると八十路《やそじ》に近い爺さまは言った。

「わしは、嫉妬《しっと》に狂った亭主に打ち殺されるのがいいのぅ」

このジョークからはさまざまなバージョンが派生する。たとえば、つぎのような。

七十六歳の男が言った。「わしはひと思いに死にたいよ。わしがハンドルを握り、隣には豊満な肉体の裸婦がいる。そんな状態で、ラスベガスの大通りを突っ走り、前方から来るランボルギーニと正面衝突して、散る。これが理想だな」

ついで八十四歳の男が言った。「わしは爆弾を積んだジェット機の操縦桿《かん》を握り、若いときわしを袖《そで》にした、いまの大統領夫人がいる公邸に体当たりして、人生を終わりたいよ」

最後に九十五歳の男が言った。「わしはもっと穏やかな死に方がいいのぅ。わしのためにつくってくれたケーキに一二〇本のローソクが立っていて、わしはその煙のせいで窒息死するのじゃよ」

死とは、その当人にとって、いっしょに世界全体が、いやこの世のすべてのものが消滅することでもある。つぎは、いささか変わった極楽往生《ごくらくおうじょう》の風景。


スミス夫人のところへ、知人から緊急の連絡がはいった。

「気を確かにして聞いてください。ご主人が急に亡くなりました。これから遺体を病院へ運ぶので、奥さんはそちらへ来てください」

「まさか、そんな！」

夫人は半信半疑で駆けつけた。夫は友人たちとビール会社の工場へ見学に行ったのだった。遺体と対面し、顔を見ると、なんと満面に笑みが浮かんでいるではないか。

「いったいどうしてこんな顔に……」

夫の友人からは、こんな説明が返ってきた。

工場では、はじめのうち一〇人くらいがまとまって、あちこち見てまわっていたが、いつのまにかばらばらになり、スミス氏がはぐれてしまった。みんなが手分けして探すと、彼はビールが半分ほどたまった巨大な樽《たる》の中へ落ちこんだらしく、これ幸いと、泳ぎながらビールをがぶ飲みしていた。
「わたしたちは協力して彼を引きあげました。ところが、しばらくして彼の姿がまた見えなくなりましてね。探しあてたら、またまた先ほどの樽の中で浮かんでいました。ただし、こんどは心臓が止まっていたのです」

ジョークの中で極楽往生といえば、いわゆる腹上死にかかわるものが多い。ここではその周辺の話を紹介しておこう。

独身をとおしてきた富豪のボスカイルド氏が、九十歳になってから、三十歳になる付き添い看護師と結婚した。それから一週間、ふたりはベッドからほとんど離れずに過ごし、ボスカイルド氏のほうが急死した。
葬儀が滞《とどこお》りなく終わったとき、葬儀屋は親しい同業者に打ちあけた。
「いやぁ、まいったよ。あの方の満面の笑みを取り除くのに、三日間もかかったんだぜ」

だが、気がつくと、天国だと思っていた場所がこの世の地獄だった、というケースもある。

カプリーニ氏が交通事故に遭って、病院へ搬送された。

それから五十分ほどたって彼は意識を回復した。その瞬間、若くて美しい看護師が目に入った。

カプリーニ氏は、思わずつぶやいた。

「ありがたや。わしは天国へ来たようだ」

すると、頭の上のほうから、聞きなれた声がした。

「ばかね。ここにあたしがいるじゃないの」

そのとたん、カプリーニ氏は「うーん」と呻《うめ》いて失神した。


もちろん、若者をしのぐ精力を維持しているゼツリン高齢者も少なくない。つぎは運悪くそんなタフガイにつかまった女の姿。


かなり年上の実業家と結婚した友だちのアンリエッタが、ハネムーンから帰ってきたと知らせをよこしたので、ジュリエットが新居を訪ねた。しばらく待たされてから客間へあらわれたアンリエッタをひと目見るなり、ジュリエットはアッと驚いた。アンリエッタがまるで別人のようにやつれているではないか。

「まるで病人じゃないの。いったい……」

絶句するジュリエットに、アンリエッタは短く説明した。

「あのひと、『ためた、ためた』というものだから、あたし、きっとお金のことだろう、と思ったのよ」

＊

多くの老人の本音「わたしの年になれば、ノーといわれると、実のところほっとするよ」

＊

「ねえ、結婚するという動詞の未来形はなんだっけ？」

「離婚（ディヴォース）でしょ」

＊

「ねえ、あなた。この帽子、たったの二〇ドルですって。お買い得《グッドバイ》よ」

「そうだな。じゃ。この店にグッド　バイしよう」

＊

「あなたのご主人は物覚えがいいの？」

「さあ、どうかしら。あたしの齢はちゃんと覚えているのに、誕生日のほうは覚えていたためしがないのよ」

＊

経験は、あなたが必要になった後から思いだすことが多い。

＊

「あの男は変わったわねえ。以前、あのひとの頭の中にはパッションが充満していたのに、いまじゃペンション（年金）のことでいっぱいだってよ」

＊

「ねえ。ダイエットという単語には動詞があるの？」

「あるさ。だけど未来形しかないぜ」

　昔は、世の中の変化はゆるやかだった。村や町には知恵も経験も豊かな古老たちがいて、彼らの意見は尊重された。が、国中で変化が急速に進みだすと、そうもいかなくなった。だから、たまに若者の相談にのって、忠告してやっても……。

　若者が近所のマック爺さんのところへ来て相談した。好きな女性ができたけど、どう口説《くど》いても、心を開いてくれない、というのだった。マック爺さんは、若いふたりの関係をじっくり聞いてから、こういった。

「彼女におまえの熱意が伝わっていないようだな。そんな女の子に『メッチャ、イカスぜ』とか『チョウ』とか『マジ』とか、へんな言葉を連発するより、おまえの心の奥から出る言葉を、簡潔に伝えることだな」

「では、何と言えばいいんだい？」

「そうさなあ。ぼくは、きみのためなら世界の果てまでだって行くよ、とでも言ってみな」

若者は喜んで帰っていった。

そして翌日、彼は戻ってきて、報告した。

「おれ、教えられたとおりにしゃべったよ。そしたら彼女は飛びついて、おれを抱きしめ、こう言ったんだ。『うれしい！　その果てからいつまでも帰ってこないでね』と」

失恋――若いときには死にたいくらいの打撃であっても、歳月の流れにつれておぼろになり、しだいに甘酸っぱい記憶の奥にしまわれていく。そして当人にとっては深刻でも、はた目には喜劇的に映ることだってある。

つぎはある女性が若かったとき。

蒸気機関車が全盛だったころのこと。十代半ばになったばかりのジェーンは、父親に連れられて、列車の長い旅行に出た。

二人が腰を下ろした座席の向かいには、ハンサムな青年がいて、雑誌を読んでいたが、彼はジェーンをひと目で好きになったようで、彼女を見る目つきがしだいに熱をおびてきた。ジェーンの胸はときめき、ふたりの視線が絡《から》みあう時間が少しずつ長くなった。

どれくらい時が流れただろう。列車は長いトンネルに入った。窓の隙間から濃い煙がはいりつづけ、やがて向かい側の人が見えなくなった。いまだわ！　ジェーンは思い切って腰を浮かし、すこしずつ手をさしのべた。

そのとき、耳元でぱしっと音がして、父親の怒号が響いた。

「何をするんだ。この変態男め！」

青年は、ジェーンの体の位置が変わっていることに気がつかず、父親の口にキスしたのだった。


蒸気機関車が曳《ひ》く列車に乗って長いトンネルを抜けた経験がある人なら、ジェーンたちのようすが想像できるだろう。長いトンネルに入ると、機関車から出る煙がはいってきて、客車の中が黒雲に包まれたようになったものだった。鼻の穴はいうまでもなく、顔まで黒くなった乗客のようすを想像していただきたい。

さて、こちらは気の小さい純情な青年の話。


ある都市の広場の片隅に、ワゴン式の果物屋が来るようになった。父親らしい中年の男と、娘と思われる若い女の子がきびきびと働いて、見ていて気持ちがいい。それに娘は、なかなかチャーミングだった。

近くの設計事務所に勤務するショーンは、彼女にひと目惚れして、昼休みごとにかよいだした。ただし、リンゴを一個ずつ手に取っては眺めるふりをして、ちらちら彼女の顔へ視線を投げかけるだけで、買おうとしなかった。そうして最後にはリンゴ一個分の代金を娘に握らせて、恥《は》ずかしそうにほほ笑みかけてから、事務所へ戻るのである。

ところがある日、彼がいつものようにリンゴをひととおり眺めて、一個分の代金を娘にあたえてから帰りかけると、彼女が追いかけてくるではないか。

とうとうぼくと話をする気になってくれたんだな、と彼は胸をときめかせて立ち止まり、彼女を待った。

「ねえ、ちょっと待って。お願いがあるの」

「なんだい？」

振り向くと、彼女は片手を差しだして言った。

「リンゴは今日から値上げしたのよ」

＊

はにかみやの青年が、独りではじめてのバーへはいった。カウンターの奥のほうには、きれいな女がぽつんと座っていた。

青年は三十分ほどかけてグラスを二杯あけ、勇気を奮い起こして彼女のところへ行き、笑顔をつくって言った。

「ちょっとのあいだおしゃべりしてもかまわないかい？」

すると、彼女は店中にとどろく大声で叫んだ。

「お断りよ。あなたなんかと寝るものですか！」

青年はすごすごと自分の席へ戻った。

しばらくすると、彼女は青年のところへ来て、ほほ笑みかけた。

「ごめんなさい。あたし、大学院で心理学を専攻しているの。若い人がばつの悪い立場に立たされたらどんな反応を見せるか、調査しているところなの」

青年は勇気を出して、こう言い、反応を待った。

「なに？　二〇〇ドルなら寝るって？　おまえにそんな値打ちがあるのかよ！」

＊

女性への忠告。「男のハートをつかみたければ、まず胃袋をつかめ」（フランスのことわざ）

＊

独身男とは、どこかの女をみじめにしそこなったやつのことだ。

＊

「ふつうの男は、自分が興味をもっているきれいな脚の女よりも、自分に興味をもってくれる女のほうに、いっそう興味をもつものよ」（マレーネ・ディートリヒ）

＊

結婚したい男は、恋人のためなら地獄でも突破してみせると誓う。そのあげく、多くの男は、いまでも地獄の暮らしから出られない。

2 偉い人

ある中都市で、長年、市長として町に尽くしたフィネガン氏を囲む小さな会が、市長の自宅で催《もよお》された。

賑《にぎ》やかな雑談が一時間ほど続いたとき、フィネガン氏はやおら立ちあがって、口を開いた。

「みなさん。いまから四十二年前、この町のメインストリートとは名ばかりの泥道を歩いてやってきたとき、わたしは一着しかないスーツを着て、一足しかない靴をはき、一本の杖《つえ》に赤いハンカチを結びつけただけの姿でした。それ以来、けんめいに働けば、アメリカがどれほど機会に恵まれた国であるか、身をもって示してきたつもりです。いまわたしは銀行を三行所有するほか、大規模な集合住宅を三ヵ所に、さらに油田を一〇ヵ所に所有する身であります」

拍手が長く続き、雰囲気はいっそう盛りあがった。

その夜、客がみんな去った後で、三番目の息子が父親にたずねた。

「父さん。あの赤いハンカチのことは前にも聞いたけど、何を包んであったか、まだ聞いていなかったよ。中身は何だったの?」

「よかろう」とフィネガン氏は応じた。「自分にとって不利な真実はつねに無難な真実でくるんでおく、ということを忘れるな。ハンカチの中には、五〇〇万ドルの公社債と五〇〇万ドルのキャッシュをくるんであったのだ」

＊

安っぽい政治家は少なくない。彼らが引退するまでに国からかすめ取る資産も少なくない。

＊

あの男は国を動かしてみせる、と豪語しているそうだが、わたしは彼なら実現するだろうと思うね。あいつが当選したら、大勢の人がこの国から逃げていくぜ。

＊

昔、おとぎ話は「むかし　むかし　あるところに……」で始まったものだが、いまは「もしもわたしが当選したら……」で始まる。

＊

ある小都市の市長選挙が近づいたときのこと、三人の中年婦人が話していた。

「それであなた、投票に行くの？」とひとりが聞いた。

「いーえ。わたしが知っている候補者はひとりもいないの。誰がどんな人間かぜんぜんわからないのよ」と別の婦人。

「そう。わたしはその反対なの。どの候補者もよーく知りすぎているので、名前を書く気になれないわ」と最初に聞いた婦人。

するとと三人目が加わった。

「候補者は五人でしょ？　なら、市長になるろくでなしはひとりで済むと思えばいいじゃないの」

＊

こちらはフランス。ある市長の自宅で、解雇を言い渡されたメイドが、市長夫人に日頃の鬱憤《うっぷん》をぶちまけていた。

「辞《や》めてくれとおっしゃるなら、出ていきますよ。でもその前に言いたいことがあります」

「その態度はなによ！　言ってみなさい」

「まず、あたしは奥さまより美人だと、旦那さまがおっしゃいました。スタイルも奥さまよりすてきだと、これも旦那さまの言葉です。それに、ベッドでの動きもずっと上手だと……」

「そんなことまで旦那さまが言ったのかい？」

眉《まゆ》を吊りあげた夫人に、メイドはとどめの一撃を放った。

「いいえ。これは運転手の言葉です」

＊

マクロード夫妻が、気晴らしに郊外へドライブに出かけ、馬の牧場を訪れた。ちょうど種付けのさなかで、夫人はその迫力に圧倒された。終わってから、彼女は案内してくれた牧場主にたずねた。「このあと、雄馬をどれくらい休ませますの？」

「馬の年齢にもよりますけど、若くて元気なやつなら、毎日でも……」

夫人は、なじるように小声で夫に言った。

「いまの説明を聞きました？　あなたは一ヵ月休んでも、だめじゃないの」

マクロード氏はふふんと笑って、夫人の耳に口を寄せた。

「わたしだって相手が変われば、毎日でも……」

この小話、もとはアメリカの第三十代大統領にまつわるエピソードらしい。傑作のジョークは、作者が不明になるくらいあちこちにバージョンが出まわるもので、これにはイギリスのエリザベス女王とエジンバラ公を登場させたバージョンもあるそうだ。

ここに、それらのもとになったらしい一篇を載せておこう。

アメリカの第三十代大統領カルヴィン・クーリッジが、夫人をともなってケンタッキーのある養鶏場を訪れたときのこと、夫人は一羽の雄鶏《おんどり》が毎日幾度も雌鶏《めんどり》にのっかると聞かされて、びっくりした。

「そのことを主人に教えてほしいものだわ」

ファーストレディがそういった瞬間、大統領は間髪をいれず養鶏場主に近づいて、聞いた。

「相手は一羽だけではあるまいね」

クーリッジ大統領は、無駄口をたたかず、必要な仕事しかこなさなかったことで知られていて、それだけにおかしみ豊かなジョークがたくさん残った。

クーリッジが再選をめざして、列車で遊説旅行をしていたときの話。

ある町で、列車が汽笛を盛大に鳴らして停止した。彼は最後部の車両の後部デッキに出たものの、すぐに専用の車室に戻ってきた。

「どうしたのです？」

側近が驚いて聞いた。すると大統領は短く説明した。

「これくらいの集まりでは、笑い話をするには人数が少なすぎるし、演説をするには多すぎる」

クーリッジ大統領が余分なことを言わなかったという例証をもうひとつ。

ある公式晩さん会の会場で、豪奢《ごうしゃ》なドレスを着たご婦人が、チャーミングなほほ笑みを浮かべて、クーリッジの席へやってきた。

「大統領閣下。わたくし、お友だちと賭けをしましたの。わたくしなら、閣下から三語以上の言葉を引きだしてみせる、とね」

クーリッジは微笑も返さずに言った。

「あなたの負けです（You lose.）」

実話からジョークの世界に戻ろう。

アメリカは東海岸の小都市で、州の議員に立候補した新人が、聴衆を前に演説していた。

「……じつを言うと、この町はわたしにとってきわめて縁《えん》の深い土地であります」

この候補者は、実際には遠い町で生まれ、ここに住んだことも、訪れたこともなかった。そうと知っている聴衆のひとりが、意地の悪い質問を投げかけた。

「どういうご縁ですか？」

候補者は、予想もしなかった質問にすこしもたじろがず、笑顔で応じた。

「わたしの父と母は四十年前に結婚しました。そして夜行列車の個室におさまって新婚旅行に出かけたのですが、列車がこの町を通過するまさにそのとき、このわたしが母の胎内に宿ったのであります」


こんなユーモラスな対応をしてくれるなら、聴衆は拍手喝采《はくしゅかっさい》、質問者も候補者の支持に転向するかもしれない。

ぼくは評論家の草柳大蔵《くさやなぎたいぞう》さんから、大勢の人々に話をするとき、好評を得るには三つの要素が大切だ、と教えていただいたことがある。右のジョークと関係があるし、みなさんにも参考になるかもしれないので、ここで述べさせていただこう。

1　ご当地ソングを歌う。演壇で実際に歌うわけではない。「この町は豊かな自然に恵まれて……」とか「この地方からは有名な人々が輩出していて……」とか、町の人々が自慢しているものを褒《ほ》めちぎる。

2　聴衆と秘密を共有する。「ここだけの話ですが、ついさきほど東京には○○国の高官がお忍びで来ていて……」とか、「きょうここに来ていない方々には内緒にしていただきたいのですが、某国のある女性政治家がフランスへバカンスを過ごしにいったというのは表向きの話であって、じつは美容整形手術を受けるのがいちばんの目的だったらしい……」とか、内緒話を挿入する。

3　「わたしはこの地方とは深いご縁がありまして……」と地縁を強調する。「わたしの母方の祖母は、この町に住んだことがありまして、他界するまで、ここを懐かしがっておりました……」とか、「ここの特産品である○○は、わが家の食卓には欠かせません……」といった調子である。

講演や講義の上手な人々の多くは、こんな要素の重要性を自得しているらしい。当然のことだが、政治ジョークまたは政治家ジョークを味わうには、発生した国の事情を知っていれば、しばしば助けになる。その点、革命以後のソ連とか、ヒトラー台頭以後のドイツとかは、比較的よく知られているので、わかりやすい。

故郷の町から出て何十年ぶりかに帰ってきた男が、つぎの市長選挙に立候補することにした。当選するためには、長い空白期間をどうしても埋めなくてはならない。彼は出会う人にかたっぱしから声をかけ、ゴマをすり、さも懐かしそうに肩をたたき、握手してまわった。

朝から何百人の手を握っただろう。握手しすぎて手が痛むのを我慢して、ちょうど目の前を通りかかった大男に、彼は懐かしそうに声をかけた。

「やあ、お久しぶり。あんたとはどこかで会ったなあ」

相手から意外な言葉が返ってきた。

「そのとおり。おれはこの三十年間、州立刑務所で看守をやっていたんだよ」

アメリカの政治ジョークには、槍玉にあがった人物から名誉棄損《きそん》で訴えられても不思議がないくらい辛辣《しんらつ》なものがめずらしくない。

アイゼンハワー大統領のもとで八年間、副大統領を務めたリチャード・ニクソンは、後に彼自身もホワイトハウスの主になるのだが、そのニクソンがつぎのように扱われたことがある。

ニクソンはニュージャージーの海岸を散歩していて、泳ぎたくなった。ところが、大きい波を

泳ぎ抜けたところで急に力が尽きて、溺《おぼ》れかけた。

たまたま近くにティーンエイジャーが三人いて、波をものともせずに、ニクソンを砂浜へ助けあげた。しばらくして呼吸が正常に戻ると、ニクソンは少年たちに感謝して、言った。

「わたしにできることなら、きみたちのどんな願いでもかなえてあげよう。特別な願いがあるなら、言ってみたまえ」

まず、ひとりが言った。「ぼく、陸軍士官学校にはいりたいのです」

「それなら、かなえてやれそうだ」

つぎの少年はこう言った。「ぼくは前から、海軍兵学校へ行きたいと思っていました」

「それも大丈夫だろう。で、きみはどうかね？」

聞かれた三番目の少年は答えた。

「ぼく、今日のうちにでもアーリントン墓地に葬《ほうむ》ってほしいです」

「そいつはまた変わった願いだね。なぜ、そんなに急ぐのかな？」

少年はわけを話した。

「これから家へ帰って、あなたを救ったことを父に教えたら、ぼく、父に殺されるにちがいありませんから」


アーリントン国立墓地はヴァージニア州アーリントンにあって、軍人など国に尽くした

人々が埋葬されている。

ロナルド・レーガン大統領が再選をめざして立候補したとき、アメリカ中をこんな皮肉が飛び交った。

「彼は嘘《うそ》をつかないから、再選確実だな。だって、俳優時代から演技はへたくそだったじゃないか」

ざっとこんなありさまである。かつて松下幸之助《まつしたこうのすけ》氏は、日本の政治はアメリカのそれに比べてはるかに容易なはずだ。あちらでは、有権者からの批判や攻撃は日本よりはるかに露骨で激しい。アメリカでは、それを切り抜け、勝ち抜いていくのだから……という意味のことを述べたように記憶している。

ロナルド・レーガンはしばしばジョークの対象になったが、彼自身はユーモアのセンスに富み、ジョークの名手だったと思う。


暗殺されかけた直後、病院の手術室へ運びこまれたとき、彼は医師たちを見回して、開口一番こう言った。

「みなさん全員が共和党員であってほしいね」


アメリカで「マッカーシー旋風」が吹き荒れ、「非米活動委員会」が共産主義者狩りを主導したときから、ぼくはロナルド・レーガン（当時はリーガンと呼ばれていた）の政治姿勢を承知していたが、手術室でのこの話を知ったとき、彼の政治信条は別として、ユーモアのセンスには脱帽したものだった。

政治家のユーモアといえば、群を抜いていたのは故チャーチルだが、ジョン・F・ケネディも欠かせない。一九六〇年十一月の大統領選挙をめざしてニクソンと戦ったとき、同年の九月十六日には、メリーランド州パイクスビルでこんな演説をしている。

わたしは、フルシチョフ氏のことを多少は存じております。一年前には、上院の外交委員会で会いました。彼の国の特質や歴史についても、多少は知っております。一九三九年にはあの国を訪問したことがあります。

そのフルシチョフ氏自身が、数年前にこんな話をしたそうです。あるロシア人が「フルシチョフはバカだ。フルシチョフはバカだ」と叫びながらクレムリンを駆け抜けました。その男には、懲役二十三年の判決が下りました。そのうち三年は党の第一書記局長を侮辱《ぶじょく》した罪、二十年は国家機密を暴露した罪でした。

フルシチョフは、自分に関するジョークを集めていて、西側の要人と会ったときには、自らそれを披露することがあったという。ただし右のジョークは、おそらくオーストリアあたりでつくられたジョークをもとに、彼自身が磨《みが》きあげたのではないか、と思われるふしもある。

ぼくは「フルシチョフ回想録」を「週刊文春」のために訳出・連載する機会に恵まれた。そういういきさつもあって、この型破りのリーダーについて調べ、彼もユーモア豊かな政治家だったことを知った。忘れもしない、作家の三島由紀夫《みしまゆきお》が割腹自殺したのと同じ時期である。

さて、ケネディだが、同年十月にウィスコンシン州グリーンベイでは、アメリカンフットボールの地元チームのことを演説に織りこんで、こんなふうに聴衆を喜ばせている。

「みなさん。わたしは当地を訪問するにあたって、こう警告されました。グリーンベイ・パッカーズの試合を見にいく人々が試合開始時刻に十分間に合うようにしてあげろ、というのです。わたしはニクソン氏と衝突することは平気ですが、グリーンベイ・パッカーズと衝突しないようにする良識はそなえております」

ケネディは、夫人ジャクリーンをともなってパリを訪れたとき、かねてから社交界で有名な夫人を立てて、「わたしはジャクリーン・ケネディの夫です」と自己紹介し、みんなの笑いを誘ったことがある。

それから何年かたって、日本の総理大臣が訪米してはじめてクリントン大統領に会うと決まったとき、初対面の挨拶にはこんなふうに言えば無難です、と側近から教えられた。まず「ハウ　アー　ユー？」と言いなさい、向こうは「元気ですよ　あなたは？」というはずだから「ミー　ツー」（わたしもです）と答えるのです。

ところが、総理は「ハウ　アー　ユー？」と言うべきところで「フー　アー　ユー？」と言ってしまった。

するとクリントンは、とっさに「ヒラリー・クリントンの夫です」と受けた。

日本の総理は言った、「ミー　ツー」と。

まるでジョークに出てくるようなシーンである。このときのクリントンの機転はみごとだった。彼はパリでのケネディの挨拶ぶりを思いだしたのかもしれない。

その後の日本の総理の少しも動じない態度も、それなりにさまになっていたらしい。

つけ加えておくが、一九六〇年の大統領選挙のとき、ライバルとして争ったケネディとニクソンとは、公人としては政敵であり、私人としては友人であった。

「政治ジョークの歴史的、社会的影響は、コミックやポップソングよりはるかに大きい」と、あるジョークブックの編纂者《へんさんしゃ》は述べている。

言論の自由が保障されている国で、国家の最高指導者を誹《そし》るのにさほど勇気はいらない。だが、ヒトラーやスターリンのような独裁者の国では、為政者《いせいしゃ》に対する痛烈なジョークを口にすることは、ときには自分の棺の蓋《ふた》をあけるのに等しかった。それでも、辛辣《しんらつ》なジョークは国境を越え、人々の口から口へと伝わって、自由の諸国へ流れでた。

英国人とドイツ人とロシア人が、この三国の中でどの国民がいちばん勇敢か議論していた。「われわれがいちばん勇敢だ」と英国人が主張した。「なぜなら、わが国の男の一〇パーセントは海で死んだくらいだからな」

「ばかげている。われわれがいちばん勇敢だ」とドイツ人が逆《さか》らった。「なぜなら、わが国では男の二〇パーセントは戦場で死んだのだぞ」

「ふたりとも間違っている。われわれこそいちばん勇敢だ」とロシア人が言った。「なぜなら、わが国では国民の五〇パーセントが密告者なのに、いまだに政治ジョークがやまないのだよ」

＊

残忍な独裁者が支配する国でのこと、小さな鉄道駅の入り口に新聞スタンドができた。その翌日から毎朝、遠くに住んでいるらしい高齢の紳士がやってくるようになった。しかし彼は新聞を買うわけでもなく、棚に並ぶすべての新聞の第一面を眺めては、一部も買わずに帰っていくのだった。

「あんた、どんな記事に関心があるのよ？　ちっとも買ってくれないじゃないの」

初老の売り子が聞くと、紳士は答えた。

「わしが読みたいのは、死亡記事だけなのだ」

「あんた。わかっていないね。死亡記事は真ん中のページに載ることを知らないのかい？」

紳士はにやっと笑って、言った。

「いや。わしが読みたい死亡記事は、一面のトップに必ず載るんだよ」

＊

航海中の大型クルーズ船のデッキから、突然ひとりの若い女性が海に落ちた。気がついた大勢の乗客が騒ぎだすのとほとんど同時に、青年がひとりざんぶと飛びこみ、その女性をかかえて、助けあげた。女性は無事だった。乗客の拍手がしだいに大きくなるのに、青年はじろっと見まわしてから、下を向いてつぶやくように言った。

「おれを突き落としたのは、どの野郎だろう？」

そのとたん、耳元で彼の母親の声がした。

「おだまり。突き落としたのはあたしだよ。あのお嬢さんは、お金持ちの跡取り娘なんだ」


何と言えばいいのか。わが子を思う母親の密《ひそ》かな野心が露呈した場面である。

では、現実の世界に当てはめてこのバージョンをつくってみよう。


血も涙もない独裁者が、気晴らしに一団の部下をともなって遠乗りに出かけたところ、途中で

川に行きあたり、全員が川辺に立ち止まった。水嵩《みずかさ》が増していて、水泳がよほど巧《たく》みでなければ、渡れそうもない。

しかし、かねてから水泳の腕前を自慢してきた独裁者は、突然、濁流《だくりゅう》へ飛びこんだ。が、やはり無理だった、彼はしばらく水中でもがき、ようやく岸辺へ戻ってきた。

部下から拍手で迎えられたにもかかわらず、彼は怒気を顕《あらわ》にして、怒鳴った。

「さきほどわたしを突き落としたのは、誰だ？」

この主人公のモデルが誰なのか。独裁者であること、そして水泳が得意であることを考えあわせれば、「うふ、ふ……」と笑みを浮かべる高齢者がいるのではあるまいか？

ソ連の強制収容所で、はじめて顔を合わせた三人の囚人がぼそぼそと話していた。

「あんたはどんな罪でここへ送りこまれたのかね？」と年嵩《としかさ》の男が聞くと、相手はすらすらと教えた。

「わたしかね？　一九三九年に、同志ポポフの悪口を言ったからだよ」

「では、あんたは？」

「わたしは一九四〇年に、同志ポポフのことを褒めたからだ」

「そういうあんたは、なぜここへ？」

三番目の男は、苦笑《にがわら》いして答えた。

「わたしが同志ポポフなのだ」

＊

何年か前のこと、レニングラードで当局による調査がおこなわれ、おりしもひとりの高齢者が質問に答えていた。

「あなたはどこで生まれましたか？」

「ペテルスブルクです」

「学校教育はどこで受けましたか？」

「ペトログラードです」

「現在、どこに住んでいますか？」

「レニングラード」

「どこで死ぬことになりますかね？」

「ペテルスブルクでしょうな」


まさに朝令暮改の好例のひとつである。この地名変更の話といい、強制収容所での話といい、帝政ロシアからソ連へ、そしてロシア共和国へと変わった国のようすがちょっぴりうかがえる。

冷戦時代には、東ヨーロッパの衛星諸国の生産性が低く、それを揶揄《やゆ》するジョークがたくさんできた。つぎはその中のひとつ。

テキサスで農業用の機械を製作している工場へ、アルバニアからバイヤーが訪れた。

案内係が付き添って、さまざまな機械を見てまわるうちに、昼食時間になり、昼食休憩のサイレンが鳴り響いた。すると従業員がいっせいに仕事をやめ、工場から出て、どこかへ行ってしまった。

「たいへんだ。みんなを引き留めないと、脱走しますよ」

バイヤーは案内係に警告した。

「心配無用です。まあ、しばらく待っていなさい」

やがて、昼食時間が終わり、ふたたびサイレンが鳴ると、従業員が工場へ戻って、仕事を再開した。

視察が完了し、一行はオフィスに戻った。

「いかがでしょう。お気に召した製品がありましたか？」

「ありましたとも。こちらの希望どおりの製品がね」

「ありがとうございます。それはどれでしょうか？」

バイヤーは体をのりだした。

「あれです。あのサイレンというやつですよ!」

ソ連が崩壊し、東欧諸国にも政変が波及したとき、ルーマニアだけには最高指導者とその妻が処刑されるという激変が到来した。

あまり知られていないかもしれないが、この指導者夫妻、つまりチャウシェスク夫妻は、生前ルーマニアに長寿を追究する研究所を設立した。なのに、設立した当人の最期がこんなことになるとは、歴史上のブラックユーモアと呼べるだろう。

ご存じのとおり、第二次世界大戦では、ユダヤ人が虐待《ぎゃくたい》され、とりわけポーランドに住むユダヤ人が大量に殺戮《さつりく》された。そのことを念頭に置いて読めば、つぎのジョークのおかしさが容易にわかる。

第二次世界大戦が終わって五年ほどたってから、ふたりのポーランド人がクラクフで六年ぶりに再会した。ひとりは裕福そうな身なりだったが、片方は落ちぶれた姿だった。

「おまえ、働き口がないのだろう?　なのに、どうして贅沢《ぜいたく》な服を着ていられるのだ?」

貧相な姿のほうが聞くと、こんな答えが返ってきた。

「簡単なことさ。おれは大金持ちのユダヤ人の家に隠れているんだよ」

「だが、戦争が終わって、もう五年もたつじゃないか」

不思議そうな顔つきの友だちに、裕福そうな男は打ちあけた。

「そうだよ。だが、彼らはまだ戦争が終わったことを知らないんだ」

＊

戦争が終わって二十年ほどたってから、ふたりのユダヤ人がワルシャワで出会った。

「ツヴァイシュタイン、おまえは働くところがないと噂《うわさ》を聞いた。が、そのようすだと金まわりがよさそうじゃないか。そんな贅沢な服を着られるのはどういうわけだ？」

「じつは、おれが脅迫して、金を出させているのだ」

「脅迫だと？　なぜそんなことができる？」

「戦争中、おれを匿《かくま》ってくれたポーランド人家族が、まだこの国にいるんだよ」

＊

いまどきの子どもはどうなっているんだ？　赤ん坊がどこから来るのか知っているのに、小鳥や蜜蜂《みつばち》については何にも知らない。

＊

十代の女の子にキスするのは、オリーブオイルの瓶《びん》を開けるようなものだ。最初はなかなか開かないのに、つぎからは容易に開く。

＊

重婚のもっとも効果的な罰は、義理の母親がふたりできることである。

夫がジョークをしゃべるとき妻が笑うのは、ジョークがおかしいからではない。彼女のできがいいからだ。

＊

このワンライナーにぴったりのジョークを挿入しておこう。


その家は来客中だった。客間では夫婦が客をもてなし、二階では幼いふたりの子が話していた。

「ねえ、お客さんは誰だと思う？」

「さあ。わからないな」

「きっと、パパの会社の偉い人よ」

「どうしてそんなことがわかるんだい？」

「だって、パパのジョークにママが笑っているもの」

＊

「ラッキー」というのは、新しいガールフレンドの家にふたりだけでいて、テレビを観ているとき、長い停電になることだね。（ボブ・ホープ）

＊

コルセットは、女の体重を変えるものではない。余分の肉をもっと興味深い個所へ移すだけだ。

＊

結婚とは、鰻《うなぎ》をつかもうとして、蛇《へび》が何匹もはいっている袋の中に手を突っこむようなものだ。（レオナルド・ダヴィンチ）

＊

ナイアガラの滝は、花嫁が二番目に体験する大きな失望だね。（オスカー・ワイルド）

＊

「とびっきり魅力的な美人と向かいあったら、あなたどうする？」

「どうもしないわ。しばらく見とれて、疲れたら手鏡を下ろすでしょうね」

＊

嘘の脚は短いが、翼《つばさ》は長い。

＊

女の髪は長いが、舌はもっと長い。

政治家や権力者をめぐるジョークに続き、医師に目を向けてみよう。

歯科医の治療室で、医師が強い口調で少年をたしなめた。

「叫ぶのは止めなさい。わたしはまだ歯に触れてもいないのよ。あなただって、まだ椅子にかけいかないじゃないの」

少年は悲痛な声をあげた。「わかってるよ。だけど先生は、ぼくの足を踏んづけているじゃないか！」

＊

医学関連の国際学会でのこと。昼食のとき、同じテーブルについたドクターたちのあいだでお国自慢が始まった。

最初にイスラエルのドクターが言った。

「わたしの国の医学はめざましい進歩を遂げましてね。ひとりの男の腎臓《じんぞう》を二つとも摘出して人工腎臓に交換すれば、六週間後には、患者はもう職探しにまわるくらい回復するのです」

ついでドイツのドクターが言いだした。

「そんなのは、たいしたことではありませんな。わが国では、健康な成人から両方の肺を取って左右の人造肺をつくり、それらを移植すれば、患者は四週間で職探しを始められます」

するとロシアから来たドクターも自慢話に加わった。

「われわれの医学は長足の進歩を遂げたので、心臓を摘出して二分し、培養したのち、提供者と病人とに移植すれば、三週間でふたりとも仕事探しに出られますよ」

最後に、酔っぱらったアメリカのドクターが割りこんで、とんちんかんな自慢をした。

「上には上があるものです。わが国では、脳のないテキサス男をホワイトハウスへ移植したのです。いまでは、国民の半分が職を探して歩きまわりだすぞ、と恐怖譚《たん》が広がっているのです」

＊

初老の実業家ジョンソン氏が、業界の集まりに出席するため、秘書に運転させてマイアミへ向かった。しかし、途中で体調がおかしくなり、医師に診《み》てもらう必要を感じた。近くに人家はなく、携帯電話で救急車を呼ぼうにも、その山間からは電波が届かない。「どうしましょうか？」

おろおろする秘書にジョンソン氏は命じた。

「さきほどゴルフ場のそばを通っただろう。そこへ行ってくれ」

「で、でも、そこに医師がいるとは限りませんよ」

秘書が反対すると、ジョンソン氏は教えた。

「あそこは高級なゴルフ場だった。行けば必ず医者がたくさんプレイしているはずだ」

＊

ハイスクールの生徒が、進路相談を担当するカウンセラーのところへやってきた。

「きみはどんなことに興味があるのかね？」

「じつは、ぼく、人間の体を切り裂いて、腸の中をかきまわしてみたいという衝動にしばしば駆られるのです」

しばらく沈黙が続いた。カウンセラーは深刻な表情を消して、口を開いた。

「すると、きみは外科医か異常殺人鬼かに向いているのかもしれないね。もう少しきみ自身について話してくれないか」

「ぼく、間違っているとと思ったことはありません。他の人たちは、ぼくの話を聞くと、崇拝《すうはい》の目で見てくれます」

カウンセラーはにっこり笑った。

「では、外科医がきみにぴったりだな」

＊

入院中の友人を見舞いにきた男が、ふつうとは違うものに気がついた。若くて美しい看護師たちが、大きくて丈夫なピンを胸に着けているではないか。

「そのピンはどういう意味があるのですか？」

男が聞くと、その看護師はそばを通る若い医師をちらっと見て、わけを教えた。

「ドクターが近づきすぎないよう、用心のためですわ」

＊

入院して一週間たった若い男が、検温にきた看護師をまたも口説《くど》いた。

「なあ、おれはあと一週間もしないうちに退院できるんじゃないかな。そしたら、おれとデートしてくれよ。な、な」

看護師は冷たく言い返した。

「だーめ。あなたはあと三日とたたないうちに退院するわ」

「えっ。どうしてそんなことまで知ってるんだ?」

看護師は艶然《えんぜん》とほほ笑んだ。

「あなたの担当医があたしにぞっこんなの」


この看護師にぞっこんの医師を、どんな将来が待ち受けているか。つぎのジョークがひとつの可能性を暗示しているかもしれない。


ある医師が、同じ病院に勤務する看護師と深い仲になった。それから間もなく、彼女は妊娠した。妻に知られるのを恐れて、彼はまとまった金をあたえ、イタリアへ行って、赤ん坊を産むように頼んだ。

「それはいいとして、赤ちゃんが生まれたとき、どうやってあなたに知らせればいいかしら?」

医師はちょっと考えてから、指示した。

「絵葉書をわたしの自宅宛に出してくれ。裏側にスパゲッティと書いておけばわかる」

看護師はイタリアへ飛んだ。それから七ヵ月あまりたったある日、医師の妻が病院へ電話をかけてきて、知らせた。

「あなた宛にイタリアからへんな絵葉書が来たの。さっぱりわからないことが書いてあるのよ」

医師は平静な口調で言った。

「ぼくが帰ってから見れば、説明できるだろう」

その晩、彼は遅くなって帰宅した。ところが、葉書を読むなり、「うーん」と呻《うめ》いてばったり倒れた。救急車で病院へ運ばれたが、手遅れだった。そして死亡診断書には心臓麻痺《まひ》という所見が記入された。

医師の妻が、絵葉書の裏側に細い字で何か書いてあるのに気がつき、慎重に読むと、こう書いてあった。

「スパゲッティ　スパゲッティ　スパゲッティ　二つにはソーセージとミートボール付き　一つには付属物なし」

＊

体重が九〇キロ以上ありそうな中年女性が、ドクターに泣きついている。

「これまで幾人ものドクターにかかったのですが、高価なお薬を処方していただくのに、ちっとも効果があらわれませんの。諦《あきら》めかけているところへ、先生が名医で、しかも治療費はごく安い、ということを耳にしたのです。お願い、どうか助けてください」

その医師は、ひととおり問診と検査をしてから、豚のように太ったその患者に言った。

「わたしが指示するとおりになさってください。いや、ごく簡単なことです。この瓶に大小さまざまなビー玉がたくさん入っています。数は三〇〇個です。あなたは毎朝この玉をすべて床にばらまいて、一個ずつ拾いあげるのです。それを一ヵ月続けてください。おそらく、それ以上続けないうちに、効果があらわれるでしょうが、それでも一ヵ月たつまではやめないように」

＊

たいへん評判のよい医師に高齢者が訴えた。

「あたしも以前は若かったのです」

医師はにこやかに応じた。

「すばらしい。すばらしい記憶力ですねえ」

＊

ドクターが、診察を受けにきた患者に聞いた。

「ジローリさん、あなたはまだ煙草をすっていますか？」

「え、ええ。でも、一日に一〇本ですむようになりましたよ」

「よろしい。では、わたしに一本ください。あいにくわたしは、車に置き忘れたので、あなたの喫煙量を一本分減らしてあげますよ」

＊

こちらは別のドクターの診察風景。

「奥さんは、あなたの言葉をしっかり聞いてくれますか」

「ええ。たまに」

「どんなときです？」

「わたしが眠っているときですよ。ワイフのやつ、わたしの寝言に女の名前が出てこないか、知りたいんです」

＊

医師「悪い知らせと最悪の知らせがあります」
患者「では、悪い知らせからお願いします」
医師「あなたの検査結果が届きました。あなたの寿命はあと二十四時間だそうです」
患者「たったの二十四時間ですって？　ひどい！　それ以上に悪いことがあるのですか？」
医師「わたしは昨日からあなたを探していたのです」

＊

投資資金の流れを調べていた統計学者が、同僚に嘆いた。

「バイアグラをはじめ男性用強精薬の開発と研究につぎこまれる資金はますます増加している。その反対に、アルツハイマーなど高齢者の認知症研究へ流れる資金は減少する傾向が明瞭になってきたよ」

「ふーん。その結果はどうなるかな？」

「あと十五年もたたないうちに、男たちのシンボルは屹立《きつりつ》しているのに、それをどのように使えばよいのかわからない老人たちが、街中を彷徨《さまよ》うようになるんじゃないか」

＊

ドクターが患者に質問した。

「あなたがベッドに臥《ふ》せっているとき、奥さんは本など読んでくれますか?」

「ええ、生命保険の契約書なんかを、ね」

＊

「医者と弁護士は似ている。違いは、弁護士は客から金を強奪するのに、医者は命までとることだ」(アントン・チェーホフ)

＊

あなたにとって最良の医師は、あなたが探しだそうとして、とうとう見つからなかった医師である。(ドゥニ・ディドロ)

＊

病院の前で交通事故が起き、初老の紳士が倒れた。通りかかった人々が被害者をすぐそばの病院へ運びこもうとすると、被害者が必死で抵抗した。

「安心してわれわれに任せなさい。さいわい、ここは病院のすぐ前なんです」

「いや。ここはだめだ。ほ、ほかへ連れていってくれ!」

被害者は言い張った。

「なぜです。なぜこの病院ではいけないのですか?」

被害者は理由を打ちあけた。

「こ、ここは、わたしの病院だ。ち、治療のレベルは、わたしがいちばんよく知っている」

＊

ある夕暮れどき、小規模のクリニックの院長室へ看護師が飛びこんで、知らせた。

「健康診断にきて終わった人が、入り口で倒れています。脈を診たら、心臓は止まっているようです」

院長は飛びあがった。

「たいへんだ。いっしょに来てくれ」

「わかりました！」

玄関から出ると、男が脚を玄関のほうへ向けて倒れていた。院長は男の上半身をもちあげながら、看護師に指示した。

「脚をもちあげてくれ。頭を玄関のほうへ向けるんだ」

「な、なぜです？」

「わからないのか？　この男がこのクリニックへ来ようとして、前向きに倒れたように見せかけるんだ！」

＊

携帯用のパソコンとか、小型の電子機器が普及しはじめたころのこと。

色香を十分にとどめた初老の婦人がふたり、内緒話に夢中だった。

「ほら、旅客機に乗ると、身のまわりの電子機器はスイッチをお切りください、と放送するじゃないの」

「ええ。それがどうかしたの?」

相手は怪訝《けげん》な顔でたずねた。

「この前、夫と旅行したとき、その機内放送を聞いたとたん、ほんの一瞬だけど、とんでもないことを期待したの」

「なんのこと?」

「夫が、心臓のペースメーカーのスイッチを切ってくれないかしら、とね」

夫婦の仲がよさそうに見えても、妻のほうは夫の不倫に気づいていて、恨《うら》みを残して他界する。そんな例は、もちろんジョークの中でもめずらしくない。

三十年あまり連れ添った妻が他界してから半年もたたないうちに、医師のランヴァン氏はつきあっていた肉感的な美人と再婚した。それからまもなく、彼女は先妻のクロゼットの奥から一枚の肖像画を見つけだして、ランヴァン氏に見せ、詰問《きつもん》した。

「前の奥さんの肖像画よ。ごらんなさい。まず、このダイヤのネックレスだけど、一〇万ユーロは下らないでしょうね。このブレスレットもおよそ三万ユーロはするはずよ。それからこのブローチは……」

「ま、待ってくれ！」

「待てないわよ。あなた、あの人にプレゼントしためぼしい装飾品は全部取りもどした、と言ったじゃないの。これらをいったいどこに隠したのよ！」

「わたしに覚えのないものを、隠せるわけがないだろう」

「この嘘つき！」

嘘ではなかった。前妻がこんな肖像画を描かせたことさえ知らなかった彼は、この場をどうにか切り抜けて、数日後にその画家を突きとめ、アトリエを訪ねた。

ランヴァン医師から事情を聞いて、画家は折れた。

「奥さまからは厳重に口止めされたのですが、そんなにお困りなら、お話ししましょう。高価な装飾品はわたしが知り合いの宝石店から借りてきたものです。奥さまはあなたの浮気に気がついて、仕返しすることにしたそうです、『あの女がこの絵を見れば、肝心の品がいくら探しても見つからないので、いく晩も眠れない夜を過ごすでしょうよ』とおっしゃいまして」

＊

名医として名高いウォーカー博士と、初対面なのに診察を強要する肥満女性との会話。

「先生、あたし、今朝から急に体調が悪くなったのです。ぜひ診てください。お願いです！」

「あなたの歩き方や話しぶりを見ると、さほど悪いとは思えません。かかりつけのドクターのところへ行くのがいいでしょう」

「先生のような名医に診ていただければ、それだけでも自慢できますわ。診察費に糸目はつけませんから。ね、ね！」

「わかりました。では、いま、この場で、身に着けているものをすべて脱いで、横になってください」

「えーっ！　こ、ここで？」

「そうです」

「だって、ここはテニスコートの真ん中じゃありませんか！」

＊

その心理学者の診断は、すばやくて簡単明瞭だった。

子どもを連れた数人の母親を、カルテを見ながら流れるようにさばいていく。

「あなたは、お酒に執着しすぎです。その点を改めなさい」

「そんな！　どうしてわかるのですか？」

「お嬢さんの名前はブランディでしょう。それだけを見てもわかります」

ドクターはつぎの患者に告げた。

「あなたは、甘いものにこだわりすぎます、その証拠に、お嬢さんの名前はキャンディではありませんか」

三番目の母親にはこう言った。

「あなたは、お金のことが頭から離れないでしょう。証拠は、ペニーというお嬢さんの名前です」

四番目の母親は、ドクターが口を開かないうちに、息子の耳にささやいた。

「さあ、帰りましょう、リッチー」

＊

その小型ジェット旅客機には大病院の経営者と学生ひとり、そして老いた神父の三人が乗っていた。離陸してしばらくたったとき、パイロットがやってきて、悪い知らせと最悪の知らせがあると前置きして、告げた。

「この機は間もなく墜落します。もっと悪いことに、パラシュートは三人分しかありません」

パイロットはそう言いながらパラシュートを手早く装着して、飛びおりた。それを見て、企業の経営者が立ちあがった。

「わたしがいなければ、大勢の医師や従業員が失業する。先に失礼するよ」

唖然《あぜん》と見つめる二人を残して、彼は飛びでた。そのとき、神父が慈愛《じあい》に満ちた顔で学生をうながした。

「あなたには将来がある。家族もいるでしょう。わたしは十分に生きた。さあ、遠慮しないで、パラシュートを着けなさい」

すると、学生は笑顔で知らせた。

「神父さんもいっしょに飛びおりましょう。あの経営者は、ぼくのリュックサックを背負って、飛びだしたんです」

＊

歴史の本を読んでいて「この事件は、わたしがハイスクールの生徒だったころ新聞で読んだな」と思いだすようになったら、あなたは高齢者です。「えっ、この事件は四、五年前のことなのに」と思うようになったら、認知症老人の仲間入りをしたのかも。

ここからはおもに司法関係者に登場していただこう。


ある高名な弁護士の息子が、父親の豊かな暮らしぶりに影響されたか、法科大学院にはいって主席で卒業し、父親の法律事務所で働くことになった。その初日の勤務時間が終わったとき、彼は父親の事務所へ意気揚々と足を運んで報告した。

「やったよ、お父さん。お父さんが十年前から取り組んできた交通事故の訴訟を、ぼくはたった一日で解決にもちこんだのだよ」

父親はがっくりと肩を落とした。

「この馬鹿め。その件は、これから少なくとも十年は引き延ばすことができたはずで、うちの事務所のドル箱だったんだぞ」

＊

友だちが交通事故で怪我をしたと聞いて、ダンカンが病院へ見舞いにいった。

驚いたことに、友だちは体中に包帯を巻かれ、ベッドのそばには車椅子が置いてあった。

「こんなにひどい怪我とは思ってもいなかったよ」

驚くダンカンに友だちは小声で教えた。

「医者は、包帯なんかこのあたりに少し巻くだけで十分だというんだがね。弁護士は、このままにしておけと言い張るんだ」

＊

天国と地獄とを長大な壁が隔《へだ》てていることをご存じだろうか。

あるとき、その壁が倒壊した。聖ペテロはすぐに悪魔を呼んで、命じた。

「壁をもとどおりにするよう工夫に言いつけなされ」

悪魔は答えた。

「いまは、みんな忙しくて、それどころではありません」

「わたしの命令にしたがわないのか？　なら、そなたを訴えてやる」

悪魔は少しもたじろがず、言い返した。

「検事も弁護士も判事も、みんなどちら側にいると思うんです？」

厳しい裁判になりそうだった。弁護士は先行きを見越して、裁判長に百年前の超高級ワインを贈った。

＊

しかし、それを知った被告は弁護士に食ってかかった。

「あの判事は清廉潔白《せいれんけっぱく》で知られた人物だぜ。これで、おれの有罪は決まったようなものだ」

弁護士は余裕を見せて言った。

「まあ、見ていたまえ」

意外にも、結果は被告の勝利、無罪の判決がおりた。

「あんたは、アメリカでいちばんの弁護士だ……いったいどんな手を使ったんだい？」

弁護士は他言を禁じたうえで、打ちあけた。

「あのワインの贈り主として、原告側の弁護士の名前を使ったのだよ」

＊

法廷で、顔を合わせた弁護士と検事がいきなりやりあった。

「この嘘つき！」

「何を言う。ペテン師め」

裁判長はさっと割りこんで、言った。

「では、原告側、被告側の紹介が済んだので、開廷します」

＊

墓地の中を歩いていた中年の女性が、一基の墓石の前で足を止めて、墓石に刻《きざ》まれた文字を読みはじめた。

「ここに、弁護士にして正直な男、眠る」

その女性は早とちりして、つぶやいた。

「ひとつのお墓にこのふたりを埋葬するなんて、よく実現できたものだわ」

＊

医師と建築家と弁護士がワインを飲みながら、誰の職業がいちばん古いか議論していた。

まず医師が言った。

「聖書には、アダムの肋骨からイヴが創《つく》られた、とある。これは外科医が手を貸したことを示しているね」

「そうかもしれないが」と建築家が言った。「聖書には、大地はカオスから創られたとも書いてあるではないか。これは、事前に誰かが設計図を作製したことを意味する。つまり建築家が起用されたということだ」

「そうかもしれないが」と、弁護士が言った。「それなら、カオスを創りだしたのは誰なのか、考えるまでもなかろう」

3　はだかの真実

女と男はどうかかわってきたか。はだかの真実を探ってみよう。

「わたしはほぼ二年間、ある女を追いかけたものだが、とうとう彼女の好みがわたしと同じだと知って、あきらめたよ。わたしも彼女も女が大好きだとわかったのでね」

＊

ブラインドデートから帰ってきた女子学生に、ルームメイトが首尾を聞いた。すると不満そうな言葉が返ってきた。

「ひどいものだったわ。あの男、一九三九年のロールスロイスを運転してあらわれたのよ」

「すてき！　三九年のクラシックカーはチョウ値打ちものだそうじゃないの。あなた、どこが不満なのよ？」

「あのひと、その車を一九三九年からずーっと愛用してきたんですって」

＊

「あんな男となぜ婚約したのよ？　顔の造作は平凡以下だし、身体だって貧弱じゃないの」

「彼の特殊な才能に気がついたの。美術品のオークション会場でね」

「へーえ。じゃ、お金持ちで美術品の収集家なの？」

「収集家とは言えないけど、とにかく隠れた才能があるのよ。労せずしてお金儲けをする才能が」

「いったいどうして気がついたの？」

「あるオークションの会場でね。男の参加者が急に大声でみんなに知らせたの。『みなさん、わたしは財布を落としました。中には三〇〇〇ドルほど入っています。拾ってくださった方に三パーセントさしあげます』とね。そのとたん、あたしの彼はこう叫んだの。『わ、わ、わたしは五パーセント出しますよ』とね」

＊

婚約したばかりの長女ジャンヌが、デートから深夜になって帰宅するなり、涙声で母親に訴えた。

「あたし、マルセルとは結婚できないわ。だって、『ぼくは地獄の存在なんか信じない』と言い張るんだもの」

母親はすこしも動じないで娘を慰《なぐさ》めた。

「あなたたち、結婚してからしばらくこの家で暮らす予定でしょ。なら、マルセルも身をもって地獄を味わうことになるわ。だって、あたしがいるじゃないの」

＊

「やったぜ。彼女がとうとう結婚を承知してくれたんだ！」

「おめでとう。それで、結婚式はいつ挙げるんだ？」

「さあ。まだわからないよ。かなり先になるだろうな」

「なんだって？」

「彼女のリストでは、おれ、三十三番目になってるんだ」

＊

なんとしても、結婚したまえ。良妻に恵まれれば幸せになるし、悪妻にあたれば、哲学者になるだろう。（ソクラテス）

＊

笑いは消化を助ける。胃薬よりはるかに効《き》く。（カント）

＊

泣いたことのない若者は野蛮人。笑おうとしない老人は馬鹿である。（サンタヤーナ――アメリカの哲学者・詩人）

＊

誰であろうと人生でいちばんご機嫌のときは、最初の離婚の直後である。

＊

老いていくにつれて、自分が犯してもいない罪をますます罰するようになるものだ。（イノック・パウエル――英国の政治家で移民禁止政策を主張した）

＊

わたしは、妻をパリなんかへ連れていかないよ。だって、華《はな》やかな宴会にソーセージロールを

もちこむ者などいないじゃないか。（チャーチル）

＊

女性への忠告。男が「ぼくと結婚してくれ」とプロポーズしたとき、ほんとうの意味は「きみが他の男とセックスすれば違法になるぞ」ということだ。

＊

新婚旅行はどうだった、と友人から聞かれて、ケヴィンは相好《そうごう》を崩《くず》した。

「最高に幸せだったよ。毎晩ホテルのバルコニーで、月の光を浴びながら過ごしたんだ」

「ふんふん。それで？」

「そのあいだも、ベッドに上がってからも、彼女はおれの財布に指を突っこんで札を数えながら、おれにほほ笑みかけていたぜ」

＊

結婚してまもなく、夫が新妻に聞いた。

「ぼくの父が財産を残してくれなくても、きみはぼくと結婚したかい？」

「ダーリン」と彼女は甘い声で答えた。「財産を残してくださった方が誰であろうと、そうしたわ」

結婚生活は胸がおどる興奮が減って欲求不満が増加する。その変遷《へんせん》を簡単に述べてみよう。

一年目。夫がしゃべり、妻は傾聴する。

二年目。妻がしゃべり、夫は傾聴する。

三年目。ふたりがしゃべり、隣人が傾聴する。


二日前に生まれた妹がひんぱんに大声で泣くので、四歳の兄ジミーが母親に聞いた。

「ママ、この子は天国から来たの？」

「ええ、そうよ」

「そうだろうね。天国の人たちは、こんなにうるさい子に耐えられなかったんだよね」

＊

小学校へあがってから、大人がびっくりするようなことをたずねはじめた娘が、母親に聞いた。

「ねえ、ママ。結婚を成功させる秘訣って、あるの？」

「あると思うわ。でも、ママよりパパのほうがよく知っているはずよ。あの人のほうが、あたしよりずっと幸せそうだもの」

＊

結婚したばかりの男が幸せそうな顔をしているとき、世間はその理由を知っている。しかし、結婚して十年もたつ男が幸せそうな顔をしていると、世間はなぜだろうと疑う。

＊

男どもが結婚後も求愛時代と同じようにふるまうなら、離婚はずっと少なくなるだろう。ただし、破産は増えるにちがいない。

＊

結婚生活を末長く続けるには、何回も恋に落ちる必要がある。ただし、同じ相手と。

＊

夫婦でバカンスに出かけると決めてから四週間、ふたりが大騒ぎしながら支度して、どうにかひと息つけたのは、旅客機の座席に座ってからだった。

それでも、少し落ち着くと、なにか忘れたことがないか、気になりだした。やはり、あった。妻の顔色が急に変わった。

「たいへんよ、あなた。あたし、アイロンのスイッチを切り忘れてきたわ！」

「な、なんだって？」

夫の視線が宙にさまよった。

「そういえば、ぼくはシャワーの水を止め……」

そこまで言うと、彼はほっと溜息《ためいき》を漏らしてから続けた。

「大丈夫。火事にはならないよ。ぼくはシャワーの水を止め忘れてきたんだ」

もちろん、これは精巧な安全装置が普及する前にできたジョークである。似たような経験をもつ方々もいるのでは？


駆けつけた警官が、衣類がそこらじゅうに散らかった室内を見まわして、主婦をたしなめた。

「部屋がこんな状態に荒らされているのに気づいたとき、どうしてすぐに知らせてくれなかったのです？」

彼女は悪びれるようすもなく言った。

「荒らされて、なにか盗まれたのかどうか、ざっと見ただけではわからないじゃありませんか」

「それにしても、この状態は異常ですよ……」

彼女はさえぎった。

「あたしはね、夫がきれいなシャツを大急ぎで探したのだと思っていたのよ」

＊

ふたりの男の会話。

「指に巻きつけたその紐《ひも》は、何のまじないだい？」

「女房が巻いたんだ。彼女の手紙を投函するように頼まれたんだが、おれはよく忘れるものだから、忘れないように彼女がこの指に巻きつけたのさ」

「では、おまえ、手紙を出してきたのか？」

「いや。あいつ、手紙をおれにもたせることを忘れやがった」

＊

めずらしく妻の体調が悪く、ベッドから起きたくないというので、夫のリーマン氏は彼女に紅茶を淹《い》れてやろうと思いついた。

ところが、紅茶がどこにあるのか、わからない。リーマン氏が台所から大声で妻に聞いたところ、こんな返事が返ってきた。

「見つけにくいわよ。よく聞いてね。まず食器棚の前に立って、上から三番目の棚を見てちょうだい。右の端から左へ数えて五番目に、ココアの缶があるでしょ……その缶には小さい字でマッチと書いた紙が貼ってあるの。紅茶の葉はその中に入れてあるわ」

こんなふうに細かなことに几帳面《きちょうめん》な女が、雑然と積んだ紙類の中に大切なものを差しこんであったり、亭主に知られたくない電話番号を商店のチラシのあいだに挟《はさ》んでいた、というようなことはめずらしくない。男も似たようなものだが……。とにかく、みなさん、ご用心を。

ふたりの老人が、公園のベンチに腰を下ろして、若いころのことを話していた。ふたりとも、子どもは家を出て独立し、妻にも先立たれて、似たような道を歩いてきたこともあって、気の合う間柄だった。

「きみの家は、奥さんが生きているあいだは清潔で、きちんと整理してあったが、亡くなってからはまるでゴミ置き場のようになったな。もう片づいたかい？」

「ああ、どうにかかな」相手はそう答えてから、しみじみとした口調になった。「ゴミのことでは、忘れられない思い出があってね。聞いてくれるかい？」

「聞かせてくれ」

思い出というのは、つぎのような諍《いさか》いだった。

結婚して六年目、彼は会社から帰宅するなり、妻に言った。

「ハニー、会社の若い同僚がね、結婚したい相手ができたので、相談したい、今夜は仕事が七時ごろに終わるので、そのあと帰り道にちょっと寄らせてほしい、というんだよ。ぼくは、それなら夕食はここで食べればいい、とすすめたからね。たのむよ」

突然、妻の顔色が変わった。

「とんでもない。客間は散らかりほうだい。シンクと食卓には汚れっぱなしのお皿が山積み。冷蔵庫には宅配のピザとビールしかないのよ。あなたもこんなようすだと知っているのに、なぜ招いたの？」

彼はにやっと笑って、言った。

「百聞は一見にしかず、だよ。あの男も、結婚したらどのような家で暮らすことになるか、よーくわかるにちがいない、と思ってね」

その後、この夫婦は大喧嘩しただろうか？　この男のようすから推測すると、妻は死に物狂いで片づけたにちがいない。日頃、口には出さないけど、夫の寛大さを認識していたので、「この人を失うのは大損だわ」と気づいた——そう思いたい。


「いのちか金か、どっちをよこす？」

強盗にすごまれて、男は答えた。

「いのちをやるから、かんべんしてくれ」

「なんだと？」

「金は老後のために取っておきたいんだよ」

＊

男の内緒話。

「その顔の傷はどうしたんだ？」

「おまえ、あそこに引っ越してきた美人は未亡人だと言ったな」

「うん。そう聞いたぜ」

「彼女、未亡人じゃなかったんだ」

＊

内緒話をもうひとつ。

「おまえ、死後の生まれ変わりを信じているのか？」

「うん。じつはおれ、死んだら犬に生まれ変わるように、祈っているんだよ。だけど、このことは誰にも言わないでくれ」

「それなら、おれの胸の内にしまっておこう。だけど、なにも秘密にしなくてもいいんじゃないか？」

友だちに言われて、相手はこんな理由を打ちあけた。

「このことがもしもワイフに知られてみろ。あいつは蚤《のみ》に生まれ変わって、おれに取りつこうとするにちがいないんだ」

＊

まだインターネットが普及していないころのこと。

感謝祭が近づいたとき、ニューヨークの大学に在学中のピーターのところへ、フロリダに住む父親から電話がかかってきた。

「突然すまないが、悪い知らせだ。母さんとわたしは離婚することになりそうだ。もう、たがいにうんざりで、我慢の限界にきた。このことを口にするのもいやだから、シカゴにいるおまえの妹にはおまえから知らせてくれ」

あんなに幸せな夫婦だったのに、どうしてだろう？　ピーターは仰天《ぎょうてん》して妹に連絡した。彼女も驚き、怒った。

「離婚なんていやだ！　ぜったい離婚させないから」

それからシカゴ、フロリダ、ニューヨークのあいだで何度か通話が行き来した結果、ピーターとルイーズは感謝祭の休日にフロリダへ四、五日帰省することになった。こう決まった直後、父親は妻にこう言った。

「これでよし。こんどはふたりともわたしたちのお金を使わずに、自己負担で帰ってくるよ、母さん」

＊

某国の某州で鉄道の踏切ぎわに、傷物および中古品の売買専門店が開店した。そこにこんな大看板が。「さあ。一か八か横切ってみろ。傷んだ車は当店で買い取るよ」

＊

昔は「子どもは必要、車は贅沢《ぜいたく》」と言われていた。いまでは、それが反対になった。

＊

その玩具店のウィンドウには、列車の精巧な模型がかざってあった。裕福そうな初老の紳士が足を止め、ちょっと眺めてから中へはいった。店主は自ら応対した。模型はみごとな出来栄《ば》えだった。煙は出すし、警笛も鳴る。本物の列車と同じような機能がいくつもそなわっていた。

「こいつをいただこう」

「お目が高うございますな。これなら、お孫さんも大喜びなさるでしょう」

店主が礼を言うと、紳士は苦笑いした。

「きみの言うとおりだ。では、孫にもワンセットいただこう」

＊

友人の家をはじめて訪ねた婦人が、子どもたちにたずねた。

「みんな、お母さんのお手伝いをしていますか？」

長女がまず答えた。「しています！　あたしはお皿を洗うの」

ついで次女が言った。「あたしはそれを拭《ふ》く係よ」

「では、あなたは？」

いちばん年下の長男も、元気よく答えた。「ぼく、割れたお皿を拾い集める係でーす！」

＊

そのキャンプ場の一ヵ所だけまだふさがっていない区画へ、一台のバンが滑《すべ》りこんだ。停まるなり、六人の子どもが飛びだして、折りたたみ式のテントとその付属品一式を車からおろし、あっという間にセットした。男の子たちは、すぐそばの林へ薪《たきぎ》を集めに走り、女の子たちは炊事用具を整然と並べた。

そんなようすを見ていた隣のキャンパーが、感嘆の声をあげた。

「みごとなチームワークですな」

父親はにっこり笑って応じた。

「うちにはひとつ決まりがあるのです。すぐ使えるように用具をセットするまでは、誰もトイレに行けない、という決まりがね」

＊

小学校一年生の息子が成績表をもって帰ってきた。それを見た父親は仰天したようすで、母親にも見せた。

「まあ……これから努力のしがいがあるわね」

成績表のどの科目も最低のランクだった。父親は顔を真っ赤に染めて、怒鳴りつけようとした。

「まあ、待て」わきから祖父が父親を制し、さっと手を伸ばして、成績表を取った。祖父はざっと目を通してから、息子に言った。

「よーく見ろ。りっぱなものじゃないか」

「そんなばかな！」

怒るというより呆《あき》れた声で抗議する息子に、祖父は説明した。

「この表は何を語っていると思う？　カンニングをまったくしていない証拠だぞ」


こういう年長者を肉親や先輩にもつ子どもは、いまの日本では幸運といえるかもしれない。

モーガン家の隣に新しい一家が越してきた。モーガン夫妻は、感じのいいその夫婦を夕食に招待した。

気さくな雰囲気の中で会話がはずみ、そのうちに隣家の夫がモーガン氏の職業をたずねた。

「ぼくのパパは漁師なんだ」と八歳になる息子が会話を横取りした。すると、母親がたしなめた。

「ブライアン、どうしてそんなことを言うの？　あなたのパパは漁師さんなんかではなく証券マンでしょ」

「だって、ママ。ぼくたちがパパの会社へ行くと、パパはいつも電話で話していて、受話器を置くなり、同僚の人によくこう言ってるじゃないか。『やったぜ。またまたいっぴき釣りあげたよ』とね」

＊

コナーズ家では、新しい洗濯機を買ったので、古いほうが不用になった。三十代の夫妻は相談のうえ、家の前に古い洗濯機を出して、「使用可。無料で差しあげます。自由にお持ち帰りください」と書いた紙を貼りつけた。

しかし数日たっても、洗濯機をもち去ってくれる人はあらわれなかった。

「仕方がない。こちらで費用を負担して、処分してもらおうか」

夫のマイクが妻に提案するところを聞いた父親が、口を出した。

「無料にするから、誰ももっていかないんだ。まあ、わたしに任《まか》せてくれ」

父親はこう書いた紙を貼りつけた。

「四〇〇ドルの製品。まだ不具合なく使えます。一〇〇ドルで譲《ゆず》ります」

すると翌朝には、なくなっていた。金子《きんす》などなかった。

＊

上品なレストランへ、四歳くらいの少年を連れ、高価そうなドレスを着た婦人がやってきた。

彼女は、テーブルを担当するウェイターに些細《ささい》なことにも苦情を言うタイプの女だった。

少年のほうは素直で、料理が口に合えば「おいしいね」と連発する。

やがてデザートが終わったとき、何枚かの皿には料理が残っていた。彼女はウェイターを呼び、料理のほうを指さして言いつけた。

「残り物を包んでいただくわ。もち帰って、うちの犬に食べさせるから」

そのとたん、少年が大喜びで言った。

「わーっ、うれしいな。ママ、うちも犬を飼うことにしたの？」


ぼくはこのほほ笑ましい情景をよく想像する。天真爛漫《てんしんらんまん》の子どもと、お高く留まっているご婦人とのコントラストがすばらしい。

ところが、不思議なことに、ごくまれにルナール作の『にんじん』を思い出すことがある。『にんじん』は三人きょうだいの末っ子の名前。いつも彼だけが母親にいじめ抜かれていて、それに耐えながら巧妙に復讐しつづけ、ついには父親と結託して、母親を追いだす、というストーリーだったと思う。

それで、このレストランの少年は、いまこそ仕返しのチャンスと、母親に恥《はじ》をかかせたのではあるまいか。ここには、そうかんぐりたくなる要素が潜《ひそ》んでいる。しかし、つまるところは『にんじん』を書いたルナールの本意が、ぼくには理解できていないからだろう。いずれにせよ、このジョークは傑作だと思う。なお、これには、母親を父親に置き換えたバージョンがある。

「わたしは学校に遅刻したことがない」と自慢げに宣言する大人に聞いてみるとよい。「遅刻しそうになった日には、学校なんかへ行かなかったのさ」という言葉が返ってくるだろう。

＊

何事にも子どもに勝ちめはない。うるさくすれば罰を受けるし、静かにしていれば体温を測られる。

＊

このごろの男のいちばん多い後悔――子どもたちがいなければ、わたしはずっと前に離婚していただろう。わたしは子どもを欲しくなかったし、妻も不要だった。

＊

恋は長くて甘い夢。結婚はアラームクロック。

＊

息子「父さん。結婚にはどれくらいお金がかかるの？」
父親「わからんな。父さんはいまでも支払い中なんだ」

＊

このごろの若者。

勉強する必要のないことなら、なんでも知っている。

バイクで一時間くらい疾走するエネルギーをもっているのに、皿を洗う気力がない。

好きな音楽は二種類――大音量と騒音と。

＊

四十代と思われる女性が夫のことを話している。

「このところ急にマークの度忘れがひどくなってきたの。おたくのビリーはどう？」

「うちはかなり前から始まっているわ」

「それで、なにか対策をこうじているの？」

「とんでもない。あたしね、三年前から結婚記念日を一年に二回もうけているの」

「……？」

「つまり結婚記念日のプレゼントを二回せしめているの。もう少しボケがすすんだら、誕生日のお祝いも二回いただこうと、楽しみにしているのよ」

＊

ボケの症状をわかりやすく段階的に紹介しよう。患者に向かってこむずかしい医学用語を並べるよりも、ずっと覚えやすい。

最初は名前を忘れる。

ついで、顔を思いだせなくなる。

それから、ズボンのジッパーを引っ張りあげることを忘れる。

そして最後には、ズボンを下ろすことを忘れる。

＊

「パパ、ハムレットとは誰のこと？」

「そういうことも知らないのか。このごろ学校では、そんな常識さえ教えないのかねえ」

「うん」

「じゃ、父さんの書斎の本棚から『聖書人名辞典』という本をもっておいで。教えてやろう」

＊

三人の子どもがリンゴ園に忍びこみ、木に登って盗んでいるところを、農園主につかまった。農園主は、子どもたちをそれぞれの家まで連れていき、反省して、明日にでもお詫《わ》びにくるなら、それ以上はとやかく言わないと約束して、帰宅した。翌日、三人はいっしょにやってきた。

「ぼくのママは教会の役員をしています」といちばん年下の子が言った。「神さまは盗む人々をお好きでない、とママに言われたし、ぼく、もう二度と盗みません」

二番目の子は言った。「ぼくのパパは医者なんだ。木に登ると怪我をしがちだし、リンゴに虫がついているかもしれない、と叱《しか》られました。ごめんなさい。もう、あんなことはしません」

三番目の、いちばん年上の子は言った。

「ぼくのパパは弁護士だぜ。きのう登っているとき、ぼくのズボンが破けたので、あなたを訴えることに決めたよ」

＊

十歳になる女の子が母親に聞いた。

「ねえ、ママに最初にプロポーズしたのはパパだったの？」

「そうよ。でもなぜそんなことを聞くの？」

「あたし、ときどき思うの。ママもイエスというのを先へのばして、もう二、三ヵ月ウィンドウショッピングを続けていたらよかったんじゃないかと……」

＊

五歳になった男の子が、母親に聞いた。

「ねえ、ママ。ぼくのパパは恥《は》ずかしがり屋だったの？」

母親は遠くを見るような目つきになって、しばらく思い出をたどっているようすだったが、やがて答えた。

「もしそうでなかったら、あなたはいま九歳になっているはずだわ」

＊

一軒ずつ訪ねてまわるセールスマンが、郊外の瀟洒《しょうしゃ》な家のドアをたたいた。ちょっとたってからあらわれたのは、十歳くらいの少年で、長い葉巻をくゆらせていた。セールスマンは驚愕《きょうがく》から立ち直って、たずねた。

「おはよう、坊や。お母さんはいらっしゃるかい？」

少年は葉巻を口から離して、灰を落とすと答えた。

「このぼくのようすを見て、ママがいると思うかい？」

＊

六歳になるマーヴィンがときどき野卑《やひ》な言葉を使うようになったので、母親が困っていた。ある日その息子に、遊び友だちウォルターの家からバースデーパーティへの招待がきた。

息子が出かけるとき、母親は強い口調で注意した。

「よく聞いて、マーヴィン。わたしはウォルターのお母さんにこうお願いしてあるの。『息子がひとことでも下品な言葉を使ったら、即刻こちらへ送り返してください』とね」

「わかったよ、ママ」

ところが、出かけて一時間とたたないうちに、マーヴィンが帰ってきた。母親は憤激し、なにも言わずにマーヴィンを子どもの寝室へ閉じこめた。

しばらくたって、彼女は息子の寝室へ行った。

「叱らないから、本当のことを言いなさい」

マーヴィンはしっかりうなずいて、話した。

「ぼく、下品な言葉なんか使っていないよ。だって、パーティはあしただったんだ」

＊

爽《さわ》やかな風が公園に流れていた。真新しいスーツを着た老人が慣れた足取りであらわれ、春のひとときを満喫しようと、陽当たりのよいベンチにゆったりと腰をおろした。

すると、ひとりの少年が走ってきて、その老人から少し距離を置いて芝生に腹ばいになり、じっと見つめはじめた。

「おや、ジョージじゃないか。友だちと遊ばないのかね？」

老人に聞かれて、少年は首を横に振った。

「そんな気になれないよ。いまはこうしていたいんだ」

「ふーん。どうしてかね？」

その子は理由を打ちあけた。

「ぼく、お爺ちゃんが立ちあがるのを待っているんだ。そのベンチ、ペンキ塗りたてなんだよ」

公園のベンチにペンキを塗ったばかりなら、管理責任者が「ペンキ塗りたて」の警告を立てるのがふつうである。この少年がこっそりそれを引っこ抜いたのではあるまいか？

幼い子を乳母車に乗せて、若い父親が遊歩道をゆっくり歩いている。子どもは大声で泣きつづけ、泣きやむ気配がない。

父親は低い落ち着いた口調で、繰り返している。

「気を楽にしろ、ジミー。落ち着くんだ。心配するほどのことじゃない」

そこへ、後ろを歩いていた中年の女性が近づいて、話しかけた。

「あたしは小児科医です。先ほどから見ていると、あなたの態度はりっぱですわ。腹を立てずに対処なさっていますもの。このお子さん、お名前はジミーですね。きっといい子に育つでしょう」

父親は言った。「いや、この子はピーターです。ジミーはぼくのほうでして」

＊

プールの監視員が、男の子に付き添ってきた母親に、小声で注意した。

「奥さん、坊やに注意してください。プールの中へおしっこしないように、と」

母親は開き直った。

「子どもは誰でも、たまにはプールでお漏らしするものよ！」

監視員は説明した。

「そうかもしれません。でもあなたのお子さんは、飛びこみ台からプールへお漏らししているのです。それも四回も」

＊

「もう十時よ。あなたのベッドにはいりなさい」

母親に何度言われても、五歳になる女の子は自分のベッドへ行って寝ようとしなかった。

「ねえ、お話を聞かせてよ。あたし、ちっとも眠くないの」

母親はとうとう承知した。

「しようがないわねえ。なら、母さんの隣に寝なさい。そのうちに父さんが帰ってくるでしょう。そしたら、『きょうは会社で忙しくてねえ』とたっぷりおとぎ話をしてくれるわ」

＊

「ねえ、ママ。車がおんぼろになると、どうなるの？」

「もち主は、あなたのパパに高く売りつけるでしょうね」

＊

猿を連れた少年が、兵営の前に来ると、猿をしっかり抱きしめ、急いで通り過ぎようとした。

そのようすを見た兵士たちが、口ぐちにからかいはじめた。

「おい。弟を連れてどこへ行くんだい？」

「おまえたちのママのところへ、かな？」

少年は、怒るどころかにっこり笑って、やり返した。

「こいつが軍に志願するというバッカなまねをしないよう、しっかり抱いているんだよ」

＊

小学校の音楽の先生が、六年生の児童を褒《ほ》めていた。

「あなたのきょうだいは、みんな歌が上手ね。お父さんかお母さんのどちらかの声がいいのでしょう？　それとも、おふたりとも？」

聞かれた男の子は、ためらわずに答えた。

「ふたりとも声は悪いし、おまけに音痴《おんち》だよ」

「……？」

「うちのトイレは、ずっと前からドアがちゃんと閉まらないんだ。だから、使用中の者は、絶えず大声をあげていなくちゃならないんだよ」

＊

バードナー夫人が自宅で友だちとブリッジを楽しんでいると、四歳の娘が階段をどたどたと駆けおりてきた。夫人はブリッジを中断して、娘をたしなめた。

「エミー、家中に響くような音をたててはいけません。さあ、もう一度おり直してごらん」

エミーはすなおに従い、今度はほとんど音を立てずにおりてきた」

「ママ、こんどはどう?」

母親はにっこり笑って、褒めた。ブリッジのお仲間も賛同した。

エミーは、うっかり真相を打ちあけた。

「だってこんどは、手すりを跨《また》いでおりたのよ」

＊

ふたりの子どもが出会って、話しはじめた。

「その頭のこぶはどうしたんだい?」

「トマトをぶっつけられたんだ」

「嘘《うそ》だろう。トマトは軟らかいじゃないか」

「缶詰のトマトだったんだ」

＊

中学校で、歴史の授業がおこなわれていた。先生が聞いた。

「一四八三年には何が起きましたか?」

「マルティン・ルターが生まれました」とひとりの生徒がすぐに答えた。

「そのとおり。では、一四八七年には何が起きたでしょう?」

ほとんど間を置かずに、成績の芳《かんば》しくない生徒が手をあげた。

「めずらしいわね、ピーター。答えは?」

ショーンは得意そうに答えた。

「マルティン・ルターが四歳になりました」

＊

愚か者になる新たな方法を知るのに、年をとりすぎたということはない。

＊

「わたしは若さの秘密を発見したよ。自分の年を偽《いつわ》ればいい」（ボブ・ホープ）

＊

おとぎ話が親の口からでなくテレビから流れるようになって、子どもたちはますますその時間に出かけはじめた。

＊

若いうちは、日は短く、年は長い。老年になると、年は短く、日は長い。

＊

たいていの男は、サンタクロースの三つの段階を通過する。最初はサンタクロースの存在を信じる。つぎに、サンタクロースの存在を否定する。そして最後に、自分がサンタクロースになる。

＊

「今年の夏も、奥さんはきみを残してバカンスに行くのかい？」

「そうなんだ」

「どこへ行きたいって？」

「これまで足を踏み入れたことのないところへ行きたい、と言うんだよ」

「で、きみはどこかを薦《すす》めたのかね？」

「うん。わが家のキッチンをね」

＊

夫「オペラのチケットが手に入ったよ」
妻「すてき！　あたし、さっそく着替えるわ」
夫「それがいい。上演は明日の夜だからね」

＊

ふたりの女性の会話。

「このごろ、あなたのお母さんはスリムになったわねえ」

「わかる？　以前からダイエットするように勧めてきたんだけど、ちっとも聞いてくれなかったの。でも、こんどは無言の圧力が功を奏したわ」

「まあ。その圧力というのはどんなこと？　わたしでも母に応用できる方法なの？」

「もちろんよ。わたしね、母の誕生日のプレゼントにマタニティードレスを贈ったの」

＊

五十を越えてから、ピエトロがにわかに若い女たちに言い寄りだした。それを見かねて、近所のおかみさんがピエトロの妻に忠告した。

「あんた、気をつけなよ。そのうちに誰かが孕《はら》みでもしたら、おおごとだよ」

しかし、ピエトロの妻は笑顔で答えた。

「心配してくれるのはありがたいわ。でも、大丈夫。犬は車をよく追いかけるけど、運転の仕方は知らないでしょ。うちの人もそれとおんなじよ」

＊

ほら吹きのスティーヴが友だちのチャーリーに、めずらしく真剣な顔で言った。

「おれに金持ちの叔母がいることは知ってるな？」

「うん。その叔母さんがどうかしたのか？」

「急に亡くなってな。かなりの遺産をおれに残してくれたんだ」

「ほんとか！　まさか、いつものようにおれを担《かつ》ぐんじゃないだろうな？」

「とんでもない。まじめな話だ」

「それで？」

「おれの懐《ふところ》ぐあいがにわかによくなったことは、いずれ仲間に知れわたるだろう。そう思わないか？」

「思うよ」

「それをうまくかわす方法がないものか、知恵を貸してほしいんだ。なあ、頼むよ」

チャーリーはじっと考えこんでから、提案した。

「これまでのように振る舞うことだろう。ただし、叔母さんの遺産額を一〇倍くらいおおげさに吹聴《ふいちょう》して回るんだな。そうすれば、みんなが『またスティーヴのホラが始まった』と笑い飛ばすよ」

＊

野心家の若い男が、大会社の社長令嬢と結婚した。

友人がその会社の近くへ所用で来たついでに訪ねていくと、広々としたオフィスを独《ひと》り占めして、ゆったりと構えているではないか。ふと気がつくと、デスクには新妻の写真を飾ってある。しかも、彼女は一糸もまとわない裸体姿だった。

雑談を早々と切りあげて辞去した友人は、十分と走らないうちに車を停めて、別の友人に電話をかけ、開口一番こういった。

「やつは金のために結婚したんではなかったぜ」

＊

新婚旅行から帰ってきたばかりのガスに、友だちが聞いた。

「どうだい、ボスの令嬢と結婚した直後の気分は？」

ガスは渋い顔で答えた。

「おれたちの家でひと晩過ごした朝、ワイフはおれのために朝食をつくってくれたよ」

「いいなあ。彼女、なかなかやるじゃないか。おまえ幸運な男だよ」

「だがな。その料理ときたら……トーストは真っ黒焦げ、ベーコンは生肉にちかい、卵ときたら半分は腐っていたんだ。そのときはじめておれは気がついたよ。この女は料理もへたくそなんだとな」

＊

ビッセル家で新しいメイドを雇った。彼女は働き者で、初日から万事てきぱきとこなしたので、夫人は満足した。ところが、メイドが急に屈《かが》んだとたん、頭髪がすっぽり抜け落ちた。抜け落ちたのはかつらで、頭にはヘアが一本もないのだった。

「はじめに話しておくべきだったのに、ごめんなさい。あたし、体のどこにも毛がぜんぜんないのです」

ビッセル夫人は慰めた。

「お仕事をりっぱにこなせるんですもの、あたくしも夫もちっとも気にしませんよ」

その晩、夫人は新しいメイドの体にヘアが一本もないことをなぜか小声で話した。ビッセル氏は興奮した。

「わたしは、アソコにまったく毛が生えていない大人の女を見たことがないんだ。頼む。明日の午後四時に、彼女を中地下室の西日があたるところへ連れていって、全身を露出させてくれ。ほんの数分間でいいんだ。な、頼むよ」

「でも、何と言って脱がせれば……？」

「きみなら適当な理由を考えつくだろう。な、な。わたしはその西側の貯蔵庫の陰に気づかれないように隠れているから、気にしなくていい」

翌日、夫人は適当な口実を考えて、指定された場所へメイドを連れこんだ。すると、ちょっともじもじしてから、彼女は交換条件を出した。

「あたし、透《す》けるようなお肌の女性の下腹をじっくり見たことがないのです。奥様もいっしょに脱いでくださるなら……おあいこですわ」

夫人は承知した。見せっこは数分間で終わった。

夕食のテーブルで、夫人はむっつりしている夫に聞いた。

「どう。満足した？　何か言ってくださいな」

ビッセル氏は、抑えていた感情を爆発させた。

「あのときわたしがどんな思いをしたか、考えてみろ。会社の同僚を八人も連れてきたんだぞ！」

＊

気の合う女性社員が数人、海水浴場へやってきた。眩《まぶ》しく照りつける太陽。砂浜に白い泡の帯をつくる寄せ波。ここちよく肌を撫《な》でる風。会社では控えている話題に舌がつい滑《なめ》らかになるのも、自然の成り行きだった。

まず脱衣場で話題にあがったのが、プレイボーイで知られる独身のアレックス。

「向こうの脱衣場で黒っぽい髪の男が脱いでるでしょ」とコンスタンスが口火を切ると、リズが受けた。

「ええ、あの若い男でしょ。脱ぎ方が不器用ね」

「そう。会社のアレックスがあんな調子なの。ところが、いざ女を脱がすときになると、あっという間よ。あたし、びっくりしちゃったわ」

つぎにやり玉にあがったのは、結婚して三ヵ月のアンディ。言いだしたのは、アンディが結婚する前にちょっとつきあったことがあるドリスだった。

「あたしね。じつは小さな仕返しのつもりで、アンディを誘ってみたの。そしたら、断るどころか、彼は乗ってきたのよ」

「それで？」

「それでホテルへ行ったわ。あたし、彼が着ているものをすっかり脱がせてから、耳に口を寄せてささやいたの。『覚悟しなさい。奥さんに知らせたから、まもなくやってくるわよ』とね」

ドリスは一呼吸おいてから、つけ加えた。

「そのときの彼の着るスピード。まるで、電光石火だったわよ」

＊

経営コンサルタントのコナーズ氏が、久しぶりに休暇をとって、ロッキー山脈へ車で独り旅に出かけた。

天候は申し分なかった。大自然の空気を満喫しながら走っているうちに、自然の欲求に迫られ、小川のそばへ車を寄せて、たまったものを放出しはじめた。ところが、露出した大切な部分が、どういうわけか蜂に刺されてしまった。激痛がきた。

コナーズ氏は車に飛び乗った。さいわい、近くに農家が見えた。わけを話すと、あるじは冷たい牛乳が効くといって、搾《しぼ》りたての牛乳を冷蔵庫から出し、大きいカップに注いで、裏庭の物置小屋へ案内してくれた。

彼はズボンを脱ぎ、長椅子に腹ばいになって、腫《は》れた部分をカップにつけた。痛みがすこしずつ和《やわ》らいでくるようだった。

いつのまにかうとうとしたらしく、ふと気がつくと、二十歳くらいの日焼けした女がそばに立って、カップのほうを見つめていた。

ふたりの目が合った。すると彼女が溜息まじりに言った。

「知らなかったわ。男の人って、そんなふうにミルクを補充するのね」

4 苦い空気

芸能界では笑いを誘う仕草や言葉が量産される。なかでもハリウッドはずばぬけたジョーク生産地となった。ボブ・ホープやグルーチョ・マルクス、チャーリー・チャップリンなど、いちいち名前をあげるまでもないだろう。

そこで、ハリウッドだからこそできたと思われるエピソードを以下に紹介しておきたい。実話らしいものもあるが、虚構かもしれないものもある。ご承知おきを。

ジャック・ワーナー（ワーナーブラザース社長）が、新しい広報係に言った。

「わたしが我慢ならないのは、イエスマンだ。だから、わたしがノーと言ったら、きみもノーと言ってくれ」

＊

アメリカの伝説的な司会者で俳優でもあったジョニー・カーソンが、ハーバード大学からある賞を授与されたときのこと、つめかけた報道陣からこんな質問が投げかけられた。

「あなたの墓碑銘《ぼひめい》にはどんな言葉を刻《きざ》むつもりですか？」

彼は即座に答えた。

「わたしはすぐ戻るよ」

この言葉を見れば、日本の高齢者の中には、太平洋戦争の初期、マッカーサー将軍がフィ

リピンから撤退するときに吐いた言葉「アイ　シャル　リターン」を思いだす方がいるかもしれない。しかしカーソンの言葉は「アイル　ビー　ライト　バック」でありました。もちろん、内容は似ていても、意味の重みはマッカーサーのほうにあるでしょう。


もう若くはない男が友だちにぼやいた。

「まいったよ。女房がグループセックスの会に加入したんだ」

「それなら腹が立つのもむりはないな」

「それだけじゃない。その会はおれの入会を認めてくれないんだ」

＊

映画プロデューサーの息子が、あるニューフェイスに熱を上げた。彼は撮影所の片隅にその女優を連れだして、ダイヤの指輪を見せた。

「なあ、これはぼくの母親の婚約時代のものだったんだ。きみの指にはめてくれよ」

「まあ。お母さまのエンゲージリングだったの？　すてきねえ！」

「う、うん。そういうこと。母は嫌がってねえ。指から引っこ抜くのに苦労したよ」

＊

その監督はいつもより早く仕事が終わり、めずらしくスタジオからまっすぐ帰宅した。すると、広い裏庭で素っ裸の男がジョギングしているではないか。

「どうして裸でジョギングなんかしているのかね?」

監督が聞くと、男はぺっと唾《つば》を吐いて、聞き返した。

「あんたこそ、どうしていつもより早く帰ってきたんだよ?」

＊

ある女優が、五度目の離婚をするために、メキシコへやってきた。しかしスペイン語に自信がないので、通訳もできる弁護士を現地で雇った。弁護士は保証した。

「手続きは簡単です。あなたは、なにを言われても『シー、シー』と言っていればよろしい」

法廷で離婚の手続きが始まると、彼女は何を聞かれても弁護士の指示通りに「シー、シー」と答えた。なるほど、手続きは簡単に終わった。女優と弁護士は法廷から外へ出た。彼女は謝礼を払ってから、言った。

「あなたは名弁護士ね。アメリカへ戻ったら、あなたのことをみんなに知らせてあげるわ」

すると弁護士は、急ぎ足で去る前に打ちあけた。

「あなたはおいそれと帰国できませんよ。いまの法廷で、あなたはあの判事と結婚したんですから」

＊

某プロデューサーが友人に告白した。

「わたしは最高にツイているよ。こんどのガールフレンドの名前はアリスというんだ」

「というと、きみの奥さんと同じじゃないか。それがどうしてうれしいんだい？」

「考えてもみたまえ。わたしは寝言で自分がなんと口走るか、久しぶりに心配しなくてもいいんだぜ」

＊

長い下積み暮らしに耐えて運が開ける日を待っていた男優のところへ、怪奇映画で売れっ子になった監督がじかにやってきて、つぎの映画に出演してくれと頼んだ。映画のタイトルは「片脚の倒錯鬼」。出演料は一〇万ドルだという。

男優は、いよいよ運が開けそうだと思って、即座に承諾した。

「撮影は来週の火曜日からだ。午前九時に撮影所へ来てくれ」

「そんなに出演料をいただけるのなら、日曜日から始めても、わたしはかまいませんよ」

彼が熱意をみせると、監督はさらっと言ってのけた。

「日曜日はよく休んでおくんだな。月曜日には、きみの片脚を切断する手術を予約してあるんだ」


テレビが普及するにつれて、俳優の需要が急増した時期があった。当然、名もない若手の中からみるみる頭角をあらわして、スターになるラッキーボーイたちがいた。これは、そんな男たちのひとりが後年になって打ちあけた秘話。

このところ彼は調子が出ず、きょうも監督から怒鳴られ、こき下ろされながら、なんとか切り抜けたが、もうこの仕事から逃げようかと、すっかり落ちこんでしまった。

彼は通りがかりのこじゃれたバーへはいった。グラスを何杯か傾け、かなり酔いがまわったとき、片隅の席で独《ひと》り静かに飲んでいる美人が目についた。どこかで出会ったことがあるような気がした。彼は衝動的に近づき、声をかけた。

「どうだい。これからいっしょに静かなベッドルームへ行かないか？」

女はすぐさま同意し、びっくりする彼に説明した。

「理由は五つあるわ。まずあたしは、あなたの大ファンなの。第二に、今日あなたがどんな目に遭《あ》ってきたか、見当がつくわ。第三に、あなたがいまの苦しい時期を乗り越えれば、きっとすばらしいスターになると、わかっているの。第四に、あたしはずっと前からあなたを愛している。そして第五に、あたしはたまたま、あなたの妻なのよ」

＊

ビバリーヒルズで開業している精神分析医が、初老の映画プロデューサーにたずねた。

「あなたのラブライフはどんなぐあいですか？」

「そうですなあ……ワイフとの関係は、まあ独立記念日みたいなものです」

「というと、花火をバンバンと派手に打ちあげる夜みたいということですか？」

「いやいや。一年に一度ということです」

＊

映画館の案内係が、三人分の座席を占領して横たわる男を見つけた。

「すみません、お客さん。座席はひとりでひとつという決まりです」

男は呻《うめ》き声をあげただけで、動こうとしない。

「お客さん、起きてくれないと、警察を呼びますよ！」

それでも男は呻くだけだった。やがて警官が来て、男をゆさぶった。

「あんたの名前は？」

「サムっていうんだ」弱々しい声だった。

「サム。あんたはどこから来た？」

サムは絞《しぼ》りだすような声で答えた。

「に、二階席からだよ」

＊

ある俳優の妻に、カード遊びが好きで好きでどうしようもない女性がいた。ある晩、午前三時ころに帰ってきたときには、さすがに気がひけて、夫が目を覚まさないように、リビングルームで全部脱いでしまい、バッグだけを脇にはさんで、ベッドルームへ忍び足ではいった。

が、夫は目を覚まして、彼女の姿を見るなり言った。

「それみろ。いつか負けに負けて、身ぐるみ剝《は》がされるぞと、警告したじゃないか」

＊

ニューヨークの精神分析医の診療所へ、やつれた初老の紳士がやってきた。その紳士がコマーシャルソングの売れっ子作曲家であることは、ひと目でわかった。以前、モーツァルトが夢枕に立って、彼の曲から盗作したと非難されていることを作曲家は訴え、分析医が治療にあたったからである。今回も似たような事情だった。

「こんどは前よりひどいのです。ベートーベンが腕利きの弁護士を連れて毎晩のようにやってきます」

作曲家は怯《おび》えた表情を浮かべて、続けた。

「盗作を即刻やめなければわたしの妻にばらす、と脅《おど》すのです。仲間に知られるのはかまいませんが、わたしを尊敬する妻に知られるのは、死ぬほどつらいのです。そのうえ、ベートーベンのあのいかつい顔で毎晩にらみつけられると、どんな気持ちになるか、想像してください！」

＊

ボストンにも秋の風が吹きはじめた。ある晴れた日の午後、繁華街の高級ブティックで、最近やとわれたばかりの店員が店主のところへやってきて、奥のほうを指さしながら小声で知らせた。

「あのお客さま、頭がおかしいようです。見てください」

「あのご婦人がどうかしたの？」

「さっきから、ロングドレスを何着も試着なさいました。それが、鏡の前に腰かけて、スカートの裾《すそ》の両側をつまんでは、すーっと引きあげ、鏡の中の自分の姿に見とれているのです」

「まあ、そんな……」

店主はその女性客にちょっと近づいて観察してから、店員をたしなめた。

「あの方を知らないの？　彼女はボストン交響楽団のチェロ奏者なのよ」

＊

ふたりの男が話していた。

「おまえ、ドラムを一式買ったんだって？」

「うん。気分が落ちこんだとき思いっきりたたけば、頭がすかっとすると聞いてね。そのとおりだったぜ」

それから二週間後、ふたりはまた出会って立ち話を始めた。

「どうだい。ドラムは上達したかい？」

「それが、先週、全部売り払ったんだ」

「どうして？　あんなに意気込んでいたのに」

「それがな、おまえと会ってから三日目に銃砲店の前を通りかかったら、隣の爺《じい》さんがショットガンを物色しているじゃないか。その爺さんが帰った頃合いをみて、銃砲店へ行き、それとなくたずねたら、野牛も倒せるくらい強力な銃を買っていったと言うんだよ」

＊

ローティーンの娘と父親がリビングルームに腰をおろし、ラジオからは新しいロック音楽が流れていた。

「すごいわねえ！　こんなすさまじいサウンド、聞いたことがないわ。ねえ、パパ、そう思わない？」

娘に聞かれて、父親は首を横に振った。

「思わないねえ。これに近い音を聞いたことはあるけどね」

「どんなサウンドだった？」

「からっぽの牛乳缶を荷台に満載したトラックが、生きているアヒルを満載したトラックと衝突したときの音だよ」

＊

ここからしばらくは、ビジネスワールドにまつわる話。

ある中堅企業の社長が、突然ビルの窓から飛びおりて自殺した。事業は順調で、社長自身は健康そのものだった。調べにきた刑事は、社長の近くにいた若い蠱惑的《こわくてき》な秘書に自殺直前の状況から聞きはじめた。秘書は隠しだてするようすもなく、事情を話した。

「あたしがここで社長秘書として働きはじめてから一ヵ月後には、月あたり八〇ドルお給料を上げてくださいました。二ヵ月目の終わりには、すばらしい黒のネグリジェを贈っていただき……

それから三ヵ月後には、サンダーバードの新車とミンクのコートをくださり……わたしと寝たい、お金をいくら出せば承知してくれるか、と聞かれました。それであたしは、あなたはとてもよくしてくださるので、他の社員の方々からは二〇ドルいただいているけど、あなたは一〇ドルにおまけします、と言いました。そのとたん、あの方は真っ青になって、ご自分を呪《のろ》う言葉を吐いてから、あそこの窓めがけて突進したのです」

＊

商店街の電気器具店へ泥棒が入り、製品が大量に盗まれた。友人に慰《なぐさ》められると、店のオーナーは落胆したようすもなく、笑って言った。

「犯人はまぬけなやつだぜ、まったくあきれたよ」

「なんだって？　何がそんなにおかしいんだ？」

オーナーは笑いを抑えて説明した。

「おれはなあ、一昨日から今日まで『全品半額』というセールの札を貼ったところだったんだ。盗難保険の届けには、通常の定価を記入するつもりさ」

＊

農耕器具メーカーでのこと。社長のズボンのファスナーがすっかり開いて、中が丸見えだった。新任の秘書がそれに気づき、目のやり場に困っていたが、退室するとき、婉曲《えんきょく》な表現で注意した。

「あなたの車庫の扉《とびら》が開いていますわ」

社長はその意味に気づかず、しばらくして男性社員から指摘され、はじめてわかった。

翌日、彼は秘書を呼んで、聞いた。

「きのう、わたしの車庫が開いているのを見たとき、ロングボディの黒々としたリムジンに気がついたかね？」

「いいえ」と秘書は首を横に振った。「目にはいったのはちっぽけなピンクのフォルクスワーゲンで、前輪のタイヤがふたつともぺしゃんこになっていましたわ」

＊

引退して、夫婦でゆったり暮らしている元重役のところへ、後輩の若い社員が訪ねてきて、相談した。

「結婚したい相手が見つかりました。彼女もぼくを愛しています」

「よかったな。しかし、障害があるのかね？　向こうの親が反対しているとか……」

「いいえ。そういう障害はぜんぜんありません。ぼくのほうが決めかねているのです」

「ほう。どんなわけで？」

「結婚してから何十年も同じ女性を愛しつづけることが、はたしてできるものでしょうか？　どうしても不安を拭《ぬぐ》えないんです。あなたはもう四十年ほど、奥さんと円満にやってきたそうではありませんか。そんな方の忠告を聞かせていただきたいと思って、お邪魔したのです」

元重役はちらっと台所のほうへ視線を投げてから、言った。

「率直に答えよう。わたしを見たまえ。何十年もひとりの女性を愛しつづけることは可能だ。しかし、このことをワイフが知ったら、わたしは殺されるだろうな」

＊

その会社へ就職したとき、パトリックは本社の商品展示室に配属された。それから六ヵ月とたたないうちに、営業マンに昇進した。さらに六ヵ月たつと、販売部長に栄転。その六ヵ月後には副社長に就任し、六ヵ月務めると、社長室へ呼びだされた。パトリックの顔を見るなり、社長は言った。

「わたしは間もなく引退することに決めた。社長の席は若い者に任《まか》せようと思う」

「ありがとう」とパトリックは短く応じた。

「『ありがとう』だけか？」と社長は言った。「おまえはこの会社に二年そこそこしかいないのに、社長になるんだぞ。なのに、それだけしか言葉がないのか？」

「じゃ、言い直します。ありがとうございます、父さん」

＊

急成長中のその会社は、社長のひと声によって、新社員の採用にあたっては、心理学による最新の能力測定方法を導入することに決まった。

数週間後、社長秘書を採用することになり、その新しい審査方式が利用された。応募者は多かったが、一次審査、二次審査と絞りこみ、最後に三人が残った。あとは、審査にあたった顧問心理学者が社長に説明し、それをもとに社長が決定することになった。

容姿や語学力は言うまでもなく、知的能力、感受性、協調性、応用力などなど、さまざまな角度から説明した後で、顧問心理学者はどの応募者を採用するかたずねた。すると社長は、胸と腰に手を当てて、短く言った。

「このあたりがぐっと豊満な女がいいな」

＊

「西部へ行って運試しをしてくる」と言い残して、クーパー家の不肖《ふしょう》の息子アーノルドがニュージャージーの豪邸を出てから七年目、彼が不意に家へ帰ってきた。

「父さん、ぼく、コロラドに銀の鉱山を買ったんだ」と彼は自慢した。「あちこち頼みまわって、やっと二〇〇〇ドル借りることができてね」

「この馬鹿もん。あのあたりは、インチキ鉱山で有名な土地だぞ。おまえ、騙《だま》されたのではないか？」

息子は胸を張った。

「そんなことは承知のうえさ。ぼくは架空の株式会社をつくり、その株の半分をニュージャージーの間抜け男に三万ドルで売りつけたんだ」

父親の顔色が変わった。

「まずい。その間抜け男とはわしのことらしいぞ！」

＊

ある企業での会話。
CEO「経理部長はどこへ行ったのだ？」
秘書「今朝から競馬場へ行っているはずです」
CEO「け、競馬場へ？　この決算日にけしからん。いったい、ど、どういうわけだ？」
秘書「はい。会社の帳簿を黒字にするには、もうこれしか方法がない、とおっしゃいまして」

＊

急成長をめざす広告会社へ、先日採用したばかりの若い女性がはじめて出勤した。すると受付で、まず人事部長のところへ行くように指示された。

部長は彼女の顔を見るなり、厳しい顔になった。

「さきほどわかったのだが、きみはこの業界で五年間働いてきたと、面接のとき言ったな」

「はい。そのとおりです」

「ところが、調べてみればそんな事実はなく、就職したのは弊社がはじめてじゃないか。なぜそんな根も葉もない架空の話をでっちあげたのかね？」

新顔は少しも悪びれず、言い返した。

「だって、こちらの求人広告には『空想力豊かな人材を歓迎』と書いてあったじゃないですか」

＊

近い将来、企業の社員採用試験で起きそうな情景をひとつ。

その会社では、新人採用の試験に簡単な計算のテストをつけ加えた。たとえば、大学卒業を目前にしたシェイマスの場合は、こんな内容だった。

面接者「では最後に簡単な計算問題を二問、出します。暗算で計算して、答えてください……いいですか？　まず、6かける7はいくつですか？」

シェイマスの手は無意識のうちに動いて、ポケットの中にある計算機内蔵の携帯電話を取りだそうとした。

面接者は制止した。「いけません。暗算で答えをどうぞ」

シェイマスは頭を絞って、答えた。

「41です」

「では二問めです。いいですか？　72割る9は？」

「……7です」

「これでテストがすべて終わりました。結果は四日後に知らせます。ご苦労さまでした」

シェイマスは外へ出るなり、計算機を取りだして、さきほどの数字を入力してみた。6かける7の正解は42、72割る9は8だった。くそっ！　惜しかったなあ。シェイマスはその場で諦《あきら》めた。

ところが四日後、驚いたことに採用通知が来た。彼は指定の日時に会社へ出て、まず人事部長に会わせてもらい、計算問題の解答が間違っていたのになぜ採用されたのか、理由をたずねた。

すると、部長は言った。

「大勢の応募者のうち、きみの答えが正解にいちばん近かったからだ」


社内のシステムにトラブルが発生した場合、電子機器が解決してくれることが多くなりつつある。機器依存が過剰になると、どういう事態が予想されるだろうか？


バックリー夫人は、会社から帰ってくる夫を最寄りの駅まで迎えにいくのが習慣になっていた。ところがある日、駅舎から出てきた夫はこれまでになく疲れはてている。

「きょうはたいへんだったようね？」

「もう参ったよ」彼は肩をすくめて言った。「会社のコンピュータがつぎつぎに故障してね。同僚全員が頭を絞り尽くしたんだ。みんなくたくたで、あしたから一週間、休暇をとると言ってるよ」

＊

会社のために身を粉にして尽くし、やっとタイヤメーカーの課長にまで昇進したピンラーダ氏が、いつものように昼休みを返上して働いていると、奥さんから電話がかかってきた。

「ごめんよ。いま忙しくて、きみと話している暇はないんだ」

「すぐにすむわ。いい知らせと悪い知らせがあるの」

「ほんとに忙しいんだ。じゃ、いい知らせだけ聞いておこう」

「では、いいほうだけね。新しい車のエアバッグがちゃんと作動したわ」

＊

南太平洋のある島が「第二のハワイ」として開発され、世界中から不動産業者が進出してきた。地元の業者が負けてなるものかと発奮したことは、言うまでもない。きょうも美しい砂浜と椰子《やし》の木にはさまれた一画へ、地元の不動産屋がヨーロッパから来た客を案内して、しきりに売りこんでいた。

「いかがです？　気候は世界一です。その証拠に、この二十年間に亡くなった方はひとりもいません」

ちょうどそのとき、そばの道路を霊柩車《れいきゅうしゃ》がゆっくり通っていった。

不動産屋の顔に気まずそうな表情が浮かぶかと思った客が、皮肉な視線を向けると、彼は帽子を脱ぎ、十字を切って、客に聞こえるように言った。

「気の毒になあ、葬儀屋さん。とうとう飢え死になさったようですな」

＊

こちらはカリブ海のリゾート。三人の男が釣竿《つりざお》をもったまま、世間話をしていた。

「わたしは、家が火災で全焼して何もかも失いましてね」とひとりが話しはじめた。「まあ、保険会社が全額払ってくれたので、こうしてのんびり暮らしていられるのです」

すると、二番目の男が口を開いた。

「わたしも似たようなものです。ひどい爆発ですっかり失ったのですが、保険会社がこちらの主張を受け入れてくれたので、こうしているというわけで」

三番目の男はびっくりした。

「いやぁ、偶然ですねえ。じつはわたしも、似たような身の上でして。大洪水に見舞われて、家ごと全部流されました。でも、保険にはいっていたおかげで、いまでは遊んで暮らせます」

ほかのふたりは同時に言った。

「洪水ですって？　いったいどうやって洪水を起こしたんです？」

＊

ミラノにある大会社で、女性社員たちが話している。

「ねえ、ねえ。今度の部長のアソコに気がついた？　長くて盛りあがっていて、硬そうじゃないの」

「そうよ。気をそそられるわね」

話が盛りあがらないうちに、先輩社員がたしなめた。

「あなたたち、このごろ欲求不満なの？　よく見なさいよ。あのズボンはポケットが深くて、盛りあがっているのは長い鍵束《かぎたば》じゃないの」

＊

国際的な企業には海外出張がつきもの。リンダー氏も今回はスペインの中都市へ出張することになり、闘牛場の近くにあるホテルを予約した。彼はもう何度もスペインを訪れていて、闘牛を観たくてそのホテルを選んだわけではない。取引相手の工場が近いので、そこに決めたのだった。

商談は順調にすすんだ。高級なレストランにも招待されて、スペイン料理にも堪能《たんのう》した。フラメンコは、夜遅くまでつきあわされるので、気がすすまない。そこで、予定のない夜がきたとき、リンダー氏は独りで羽をのばしてみようと思いたった。

彼はホテルのコンシェルジュに、ほかの土地には見当たらない、気軽に楽しめるレストランはないか、たずねてみた。

コンシェルジュはどこかへ電話をかけてから、リンダー氏にすすめた。

「こぢんまりしたレストランです。雰囲気はいいし、忘れられない経験になるでしょう」

タクシーの運転手にその店の名前を告げると、知っていた。店では、コンシェルジュから知らされたウェイターが待っていて、すぐにテーブルへ案内してくれた。

ここへ来た理由を説明しようとするリンダー氏をやんわりと抑えて、ウェイターは確かめた。

「忘れられない経験になる当店自慢の料理でございますね」

「そうだ」

「ありがとうございます。では少々お待ちください」

しばらくして、料理がきた。皿の数は少なく、メインディッシュの皿には大きな鶏卵のようなものが二個のっている。

「これはいったい……」

ウェイターは低い声で説明した。

「闘牛場で死んだ牡牛《おうし》のアレでございます」

「ふーん。これがねえ」食べてみると、歯ごたえに特徴があり、ちょっとした珍味だった。

リンダー氏はチップをはずんだ。

それから数ヵ月たって、彼はまたスペインへ出かけることになり、ふたたび例のレストランへ足を運んだ。前のウェイターは彼を覚えていた。

「きょうはどのような料理を召しあがりますか?」

「この前わたしがどんな料理を食べたか、覚えているかね?」

「もちろんですとも」

「では、あれと同じやつをたのむ」

「かしこまりました」

今回も少し待たされて、料理がきた。ところが、前のに比べてアレがずっと小さいではないか。

「まさか子牛ではあるまいな」

ウェイターは、実業家の疑問に小声で答えた。

「これは牛ではありません。たまには闘牛場で人間が負けることもございます」

＊

ラスベガスの高級レストランの開店前、フロアマネージャーがウェイトレスを集めて指示した。

「きょう着る制服は、いちばんローカットのやつにしておくれ。いいかい。きみたちの胸の魅力をなるべく際立《きわだ》たせるんだ」

すると、ひとりの古株のウェイトレスが、そばの同僚にささやいた。

「きのう仕入れたお肉が悪かったのね」

＊

ある国の、ある町の喫茶店で、客とウェイターとのあいだに、こんなやり取りがあった。

「これは何ですか？　コーヒーなの、それとも紅茶？　ガソリンの臭いがするじゃありませんか！」

ウェイターは得意げに言った。

「コーヒーでございます、マダム。うちの紅茶は、食器洗浄液の味がしますです」

＊

エジンバラの一画に美容院が数ヵ所、比較的近い距離で並んでいた。得意客はほどほどに分散していて、共存共栄のかたちが長年続いてきたが、にわかに変化が起きた。ある店が急に繁盛しはじめたのだ。

ほかの店は原因を突き止めようと、いろいろな手段で調べたが、新しく美容師をいれたわけでも、高級な化粧品をそろえたわけでもなかった。

が、秘密はその繁盛する店の客から漏れ伝わった。入り口に立つちょっとハンサムなイタリア人男性が、やってきた客には「いらっしゃいませ、奥さま」と、帰っていく客には「またどうぞ、お嬢さま」と、うっとりした顔であいさつするのであった。


そういえば、何十年か前、ぼくは京都でお寺巡りの観光バスに乗ったことがある。ある寺院で、先導しながら説明してくれる僧侶が、ひとくぎりついて次へ移動するときに「さあ、お嬢さまがた、どうぞこちらへ」と、必ず声を張りあげた。バスの団体客は大半が高齢のご婦人たちだったが、「お嬢さま」という声が続くにつれて、うれしそうで恥《は》ずかしそうな笑い声がしだいに高まったものだった。


石油関連の事業を手がけて一代で大富豪にのしあがったブラジンスキー氏が、不治の病《やまい》にかかった。彼は最新技術の粋《すい》をあつめた病院に入院し、医師たちと話しあった結果、命があるうちに全身を冷凍して、五十年後に蘇生措置《そせいそち》をほどこしてもらうことに決めた。

それから五十年、蘇生は完璧に成功した。

さっそくブラジンスキー氏は、モスクワ郊外の病院からニューヨークの証券会社へテレビ電話をかけた。応対した証券マンは当然、初対面だったが、コンピュータを操作してブラジンスキー氏のファイルを出し、彼の持ち株の現状を報告した。

過去五十年のあいだに、ほとんどの株が何倍も値上がりしていた。たとえばGMの株は一五倍あまりあがって、その日の株価に換算すればおよそ一〇〇〇万ドル、IBMは十数倍あがって八〇〇万ドル……というありさまである。

わしは以前にまさる大金持ちになっている！　ブラジンスキー氏は狂喜して、今後の市況の動きや、その対応策などを話しあっていると、急にテレビ電話の画面が消え、警告の文字があらわれた。そこにはこう書いてあった。

「通話時間が三十分になりました。一分につき六〇〇万ドルですから、一億八〇〇〇万ドル払いこんでください。通話をお続けになるのなら、払いこみをすませてからどうぞ」


つぎは、一篇ずつならさほど代わり映《ば》えしないが、組みあわせによっては、人間の度量について考えさせる、そんな作品を一対取りあげたい。


ひ弱な子どもだったのに、ヘビー級のチャンピオンになった男に、あるとき記者が質問した。

「あなたがここまで強くなったのはひとえに練習のたまものだったと聞きましたが、その努力のかげにはよほどのわけがあったのでしょうね？」

「よくぞ聞いてくれた。じつは、若いころおれにはすばらしいガールフレンドがいた。あるとき、誰もいないきれいな砂浜でデートしていると、性質《たち》の悪い男が三人やってきて、おれの大切な彼女に乱暴したうえ、レイプしやがった。おれはさんざん殴られて、失神寸前だった。やつらがひきあげたとき、おれは心の中で誓ったよ。いまに世界一強い男になって、あいつらを叩きのめしてやる、とね。その誓いは実現した。チャンピオンになったのは、まあ副産物というやつさ」

＊

一代で大富豪になった実業家に、新聞記者がインタビューして、成功の秘密をたずねた。すると富豪は笑顔で答えた。

「これまで誰にも打ちあけなかったが、このさい話しておこう。じつは、若いころわたしはひどい屈辱《くつじょく》を味わったことがある。誰もいない美しい砂浜でデートしていて、乱暴な若者たちに襲われて、数日後に彼女は自殺したのだ。そのときわたしは決心した。よーし、おれは大金持ちになってやろう。そうして、あのあたりの砂浜をぜんぶ買い取って、ろくでなしを入れないようにしてやるぞ、とね」

＊

美女は宝石、善良な女は財産。（一三世紀、ペルシャの詩人）

＊

たいていの人は、自分がもっているもので満足しているが、もっていないものには満足していない。

＊

幸福感とは、多忙のあまりみじめな気持ちになれないときの気分である。

＊

世間は、わたしたちがどういう人間でどんなことを知っているかによって判断しない。どんなものを所有しているかによって判断する。

＊

ダイエットには日本食がいい。ただし、食べるときには箸《はし》を一本だけ使うことだ。

＊

金がものを言うとき、道理は引っこむ。（ロシアのことわざ）

＊

男にものを頼むときには、「あなたのお年ではもう無理かもしれないけど」と前置きするのがいちばん効果的よ。

＊

大多数の夫は、バイオリンを弾《ひ》こうともがいているオランウータンを連想させる。（バルザック）

＊

雇い主「いままでどこへ行っていたのだ？」

社員「ちょっと散髪に」
雇い主「なんだと？　きみの時間は午後五時までわたしが買ってあるんだぞ」
社員「わたしの髪が伸びたのは、ほとんどあなたの時間中のことですよ」

＊

中小企業のオーナーが二人でぼそぼそしゃべっている。

「きみの新しい秘書は、なかなか有能そうじゃないか」

「そう。しかも彼女はトライセックスなんだ」

「トライセックス？　それ、どういう意味だね？」

「セックスならどんなことでもトライしてくれる、という意味さ」


車社会のアメリカでも鉄道を利用する通勤客は多い。これはシカゴの主要駅ユニオン・ステーションを利用してきたサラリーマンの話。


シカゴ郊外の駅からユニオン・ステーションまで通勤列車でかようグレッグは、美人の奥さんがいるのに、会社でいちばんのプレイボーイだった。

「きのうははじめての女と知り合い、きょうデートすることになっている」とか、「昨夜は帰りの列車で知り合った女と軽く一杯やってから、モーテルでクイッキー（短い性行為）をすませてきた」とか、自慢話に事欠かない。

「グレッグ、きみは妻帯者なのに、どうしてそんなにもてるんだ？」

あるとき、同僚で独身のジークが聞くと、グレッグはあっさり教えてくれた。

「簡単なことさ。さっそく今晩から始めてみろよ。まずユニオン・ステーションから五時半に発車する列車に乗って、二つめの駅でおりる。そしたら亭主を迎えにきた奥さん連中が何十人も待っている。ところが、急に残業することになった亭主が毎日、何人も出る。きみは、その女たちの顔をときどき見ては、成りゆきにまかせるんだ。必ずきみにほほ笑みかけてくる女があらわれるよ」

その夕方、ジークは指示されたとおりに五時半の列車に乗った。が、途中でうっかり居眠りをしてしまい、二つめの駅に気がつかず、四つめの駅でおりた。二つめの駅まで引き返そうとタクシーを探していると、ホームにきれいな女がいて、こちらに笑いかけてくるではないか。よーし、グレッグの言う成りゆきとはこのことだな。ジークはその女に近づき、世間話を始めた。それからことはトントン拍子ですすんだ。

「どうです。そこらで一杯」

「それならあたしの家でいかが」……

彼は女の家で軽く一杯やってから、ベッドイン。

ふたりが貪《むさぼ》りあっていると、ドアが勢いよく開いて、亭主がはいってくるなり怒鳴った。

「おれという夫がいるのに、なんてことだ！　それからジーク、おれはおまえに二つめの駅でおりろと言ったはずだぞ！」

酔っ払いという人種もエピソードに事欠かない。

深夜のパリ。

パトロール中のふたりの警官が、流れる水の音に気がついた。近づいてみれば、消火栓《しょうかせん》から水がほとばしりでていて、男がそれに抱きついたまま、泣いていた。かなり酔っているらしい。

「どうしました？」

警官のひとりが声をかけた。男は濡れた顔をあげて、頼んだ。

「だ、旦那。医者を呼んでくだせえ。おれのションベンが止まらなくなっちまったんだ」

＊

つぎはダブリンの郊外で。

やはり深夜、ふたりの酔っ払いが川端を千鳥足で歩いていた。

年上のほうが懐中電灯をつけて、向こう岸のほうを照らしながら、仲間に聞いた。

「どうだい。この光線の上を歩いて、向こうへ渡れるか？　いや、無理だろうな」

「なーに。渡れるとも。ちょろいものさ」

「やめたよ。おれが川の上まで歩いたとき、おまえさん、そいつのスイッチを切る気だろう」

若いほうは懐中電灯のほうへ歩きかけたが、不意に立ち止まった。

年上の男は、消してあったライトをふたたびつけて、対岸を照らした。

「こっちは本気だぜ。さあ、ライトをつけな」

「無理するな。おれ、本気で言ったんじゃないんだ」

＊

バーで、かなり酔っているのにまだ飲んでいる男が、急に隣の客のほうを向いて聞いた。

「あんた、も、もしかしておれのズボンに……ビ、ビールをこぼさなかったかい？」

「とんでもない。このとおり、おれはいまビールを飲んじゃいないよ」

「そ、そうか。し、してみると、このしみは、内側からこ、こぼれたんだな」

＊

つぎはエジンバラ。

その患者は話があいまいで、アルコール中毒の症状が見られた。

「あなたは頭痛に襲われることがありませんか？」

「あります」

「どれくらいの頻度《ひんど》で？　つまり、一週間に何回くらい起きますか？」

患者は答えた「一週間に一回くらいです。ただ、そいつが二週間は続くんですよ」

＊

ロンドンで、パブが閉店になって、男がふたり、よろよろと出てきた。ひとりはやっと歩けるくらい酔っている。

「おまえ、ちゃんと歩けないじゃないか。バスで帰ったらどうだい？」

「そ、そうするか」

ふたりはそこで別れた。ところが翌日、バスで帰宅したはずの同僚は、会社にあらわれなかった。いっしょに飲んだ男は、同僚の自宅へ問いあわせた。すると、彼の妻は事情を話した。

「あの人、バスを運転して帰ってきたのです。でも、家の車庫にはいらないから外に停めておいたら、朝になってから警察の人が来て、あの人を留置場へ連れていき、それっきりで、あとはわかりません。バスのことも」

＊

ホテルの受付で、酩酊《めいてい》した中年の男が苦情を言った。

「頼んであったのに、どうして午前七時に起こしてくれなかったのだ？」

受付係は丁重に答えた。

「あなたさまは、午前九時になるまでベッドにはいらなかったものですから」

＊

ふたりの中年婦人が話している。

「酔っ払いをしゃきっとさせるには濃いコーヒーを飲ませることだというけど、あれは嘘《うそ》ね。夫に試してみたら、しゃきっとした酔っ払いにしかならなかったわよ」

「それ、どういうこと？」

「お酒の銘柄《めいがら》をちゃんと指定して、飲むのよ」

＊

オライリーがめずらしく眼鏡をかけていないので、友だちが気づいて、わけを聞いた。

「どの新聞を見ても、最近は飲酒の害のことばかり載せているじゃないか。そう思わないかい？」

「そういえばそうだなあ」

友だちが同意すると、オライリーは調子にのった。

「な。わかるだろ？　こうなったら、酒をやめるか読むのをやめるか、どっちかを選ぶしかないじゃないか」

＊

アイルランドの港町のパブで、若い男がふたりで飲んでいた。

「おれはアメリカなんかへ絶対に行かないぜ」

「どうして？」

「あちらじゃ道路は右側通行なんだ」

「それがどうした？」

「おれはこの前、ダブリンまで右側の車線を使って行こうとしたんだが、向こうから、こっちへ突っこんでくる車がいやに多くて、危ないの、なんの……」

＊

深夜、ブロンクスの一画をパトロールしていた警官が街灯の下を這《は》いずりまわっている初老の男を見つけた。

「どうしました？　探し物ですか？」

「し、しょうだ。ご、五〇セント、落っことしたんだ。ズボンのポケットから煙草を出そうとしたら、い、い、いっしょに出て、落っこちたらしい」

「落ちたのがこのあたりなら、明るいからすぐに見つかるでしょう。わたしも手伝いますよ」

「い、いや。落ちたのはもっと向こうの、暗いところだ」

「ではなぜここで探しているんです？」

酔っぱらったその男は街灯を指さした。

「こっちのほうが明るいじゃないか」

＊

「この数年、マクガイヤーは何度も重病にかかり、呼吸が止まったかと思われるたびに蘇生した。ある夜、彼がまたしても生き返ったとき、そばにいた親友のマッキントッシュが冗談半分に聞いた。

「きみが本当に死んだかどうか、確かめるにはどうすればいいんだね？」

「グラスにウイスキーをたっぷり入れてきてくれ」と彼は言った。「そうして『さあ、乾杯だ、マクガイヤー』と呼びかけても、わしが起きあがって飲まなければ、埋葬してもらおう」

＊

「みんな、どうしてしょっちゅうアルコールを摂取するんだろう？」と口癖のように言うヘンリーに、友だちが聞いた。

「それだよ。きみが飲まないわけを聞きたいと思っていたんだ」

ヘンリーは淡々と話した。

「まず、子どもたちの前では、酒なんか飲んではいけないよな」

「う、うん。そう思うよ」

「しかしぼくは、子どもがいないときには、酒を飲む必要がないんだよ」

＊

「あなたの誕生日にはワインを贈るわ」

「よしてくれ。先日、ドクターから禁酒を命じられたばかりでね」

「わかったわ。それでは、あなたがワインより喜ぶものを贈るわね」

「なんだい、それ？」

「ほかのドクターの電話番号よ」

＊

寒い夜更け、酔っ払いがコートの両方のポケットにウイスキーのボトルを突っこんで歩いていた。そのうちに、歩道の端を踏んで道路に転倒し、通りかかった車にはねられた。車のドライバーはすぐに降りて、呻く酔っ払いに走り寄った。道路には黒っぽい液体が流れでている。

「たいへんだ！」と叫ぶドライバーに、酔っ払いが聞いた。

「血が出ているのかい？」

「そうらしい」

「ありがたや！」と酔っ払いは喜んだ。「流れでているのはウイスキーかと思ったよ」

＊

親友のユージンとアーノルドが久しぶりに痛飲して、アーノルドの家で飲み直すことにした。住んでいるのはアーノルドひとり。気兼ね不要の家である。

玄関へ来て、アーノルドが鍵を出したものの、手元が定まらず、どうしてもうまくいかない。

「どれ。おれに貸してみろ」

しかし、ユージンに代わっても鍵穴にははいらない。たまりかねて、彼はアーノルドに言った。

「おい、家が動かないように押さえていてくれ！」

＊

会社へ出勤したハロルドが、昨夜いっしょに飲んだケリーに聞いた。

「ゆうべは、リズをちゃんと家まで送っていったんだろうな？」

「もちろんだ。彼女は頭をおれの肩にあずけて、幸せそうに眠っていたが、重いこと重いこと」

「じゃ、担《かつ》いで二キロも歩いたのか？」

「まあな……だけど、足のほうはパットがもってくれたよ」

＊

ダニエルが、またグラディスを口説いた。

「おれは金持ちじゃないよ。だけど、もうすぐ大金持ちになるんだぜ」

「知らなかったわ。宝くじを買ったんじゃないでしょうね」

「これまで誰にも言わなかったが、おれには密造酒造りで大金持ちになった独り者の叔父がいてね。いま重い病気にかかり、あと数ヵ月のいのちだというんだよ」

それから数週間後、グラディスからダニエルに葉書が来た。

「親愛なる甥《おい》よ。あたしグラディスは、あなたの叔母になりました。これからも、よろしくね」

＊

ふたり暮らしの長いマッカードル夫婦は、週末には必ずビールを楽しみながらおしゃべりするのが習慣だった。

ところが、ある木曜日に夫人が突然亡くなった。

マッカードル氏は、親戚や友人への連絡はそこそこにして、葬儀屋を督促《とくそく》し、土曜日のうちに夫人を埋葬してしまった。

「そんなに急いで、どういうわけなんだ？」

友だちに聞かれて、彼はこう説明した。

「わたしたちは、静寂《せいじゃく》に包まれた週末を早く迎えたいね、といつも願っていたのだよ」

5 身体狂

つぎはスポーツ。まずジョギングから始めよう。


兄と弟がジョギングのことを話していた。

「兄さん、マージ伯母さんはずっと前からジョギングをやってるんだってね」

「うん。それもふつうのジョギングじゃないぜ。あの伯母さんは、眠りながら歩くだけじゃない。眠りながらジョギングもやるんだぜ」

「すげーっ！　だけど、お医者さんはなんにも言わないのかなあ？」

「ママがそのことを知らせたら、お医者さんは『心配ないでしょう。それだと、運動しながら休息もとれるから、一石二鳥というものです』と言ったそうだよ」

＊

ジョギング歴の長いキャシーが、体形の崩《くず》れかけたマーサから、いっしょに軽く走りながら要領を教えてほしいと頼まれた。キャシーは快く承知し、郊外の快適な小道をコースに選んだ。

最初の日、キャシーはまず忠告した。

「忘れてならないのは、あの角の農家を回ったところに大きな牡牛《おうし》がいることよ。ふだん、あいつは同じ場所に寝そべっていて何もしないけど、追いかけてくることがあるの。そこへあなたが石を投げつけて、向こうが本気で追いかけだしたら、いいチャンスというものよ」

「なぜ？」

キャシーは率直に言った。

「そのときこそ減量に絶好の機会になるのよ」

＊

ここはロンドンのハイドパーク。

いつものようにジョギングしていたショーンが、財布を落としたことに気づいた。さきほど、ちょっとジャンプしたときにポケットから飛びでたらしい。すぐに引き返すと、見当をつけた場所の近くにはベンチがあって、そこで若い女の子が本を読んでいた。

「すみません。ぼく、二、三分前にこのあたりで財布を落としたのですが、気がつきませんでしたか？」

「さあ……お疑いならわたしを調べてください」

「それじゃ、失礼して」

はじめはおずおずと、しだいに大胆に彼女の体に触っても、見つからなかった。

それからどうなったか？

ショーンはあとで、友だちにこう話した。

「彼女がもっと探して、という目つきでぼくを見だしたので、財布のことなんかどうでもよくなってね。近くにある彼女のフラットへ行くことになってしまった」

「うまくやったなあ。そのあと財布は見つかったのかい？」

「うん。やはりベンチの近くでね」ショーンは肩を落として言った。「ところが、中がからっぽだと知ったら、あの女、急に冷たくなりやがった」

＊

「あの男は毎朝、ラジオの体操番組にタイマーを合わせて、六時半には起きるそうだが、それにしては、体形に締まりがないなあ」

「あたりまえだ。あいつは体操なんかしていないんだから」

「では、なぜ早起きしているんだ？」

「向かい側の家の娘が外で体操するからさ」

＊

「このところ、身体の調子がよくないの。立った姿勢で前屈《まえかが》みになり、両手を両膝まで下ろしてから、ふたたび身体を起こすたびに、背骨が痛むのよ」

「なに言ってるの。窮屈なパンツをはくときには、たいていの人がそうなるものよ」

＊

ゴルフに行ったハースト氏が、夕方、疲れ切って帰ってきた。

「どうなさったの？　ひどく消耗していらっしゃるわね」

「ひどい一日だったよ。いっしょにプレイするマッカーシーが、ファーストホールに立ったとたん、心臓発作で死んでね」

「まあ。たいへんだったわね」

いたわる妻に、ハースト氏は続けた。

「そのあとがもっとたいへんだったんだ」

「ええっ？」

「そのあと、わたしはボールを打ってはマッカーシーを引きずり、また打っては引きずり……」

＊

裕福な人びとがよく利用するゴルフ場で、ドン・ファン的な雰囲気の若者がプレイしていた。

そこへ突然、花嫁衣装を着た若い女性が駆け寄って、彼に抱きついた。

「あなた。きのうの約束を忘れたの？　ひどい！　きょう、あたしと結婚すると誓ったじゃないの」

男は少しも動揺せず、やさしく言った。

「よーく思い出してくれ。ぼくは『もしも、きょう雪が降れば』とつけ加えたじゃないか」

＊

ハンサムな新進ゴルファーが、重要なトーナメントではじめて優勝した。

そのあと、応援してくれるファンたちが去るときを見計らっていたらしく、派手な服装の若い女が近づいて、言葉巧《たく》みに誘いをかけた。

「あなた、グリーン以外のホールにも、入れるのがお上手なの？」

ゴルファーはにっこり笑い、彼女の手をとった。

「試してもらおうか」

それから二十分とたたないうちに、ふたりはゴルファーが宿泊しているホテルの一室にいた。

やや激しい営《いとな》みが終わり、ゴルファーがベッドからおりようとすると、女は彼を引きもどして、ささやいた。

「ねえ。チャンピオンが一回だけでやめるものじゃないわ」

ゴルファーは求めに応じた。

そして二度目が終わり、彼が滑《すべ》りおりかけると、女はまたもや制止した。

「チャンピオンが、もうすぐ勝ちそうなところで中断するのは、敗北と同じよ」

男は深呼吸してから、第三ラウンドを開始した。終わったときは疲労困憊《こんぱい》。彼は女の上に乗ったまま、眠りこんでしまった。女は男の臀部《でんぶ》をぴしゃぴしゃとたたいて、催促した。

男は顔を上げ、女を睨《にら》んだ。

「いったい、きみのホールのパーはいくつなんだ？」

＊

気心の知れたふたりのゴルファーが、馴染《なじ》みのゴルフ場でプレイしていた。

「しめた。このショットはうまくやるぞ」

「なぜだい？」

「クラブハウスのバルコニーに女がいるだろう？　あの人はおれのワイフの母親なんだ」

そう言われた男が肩をすくめた。

「あそこまで三〇〇ヤードに近いぜ。ここから頭に命中させるのは、無理だろうな」


これは言外の相互理解ができあがっている男同士の会話。ふたりの心の奥には妻の母親への憎悪《ぞうお》が潜んでいる。


その女性、ゴルフ歴は長く、最高の道具を使っているのに、腕前のほうはちっとも上達しなかった。

きょうもファーストホールをめざして出発するなり、新品のボールはラフにはまるし、セカンドホールに向かったときには、これまた新しいボールが池に落ちこむありさま。サードホールへ飛ばした新品のボールは、またしてもラフへ紛《まぎ》れこんだ。

「あなた、こんなことなら古いボールを使ったら、どう？」

友だちから聞かれて、彼女は答えた。

「あたし、古いボールは一個ももっていないの」

＊

ふたりの中年男性の会話。

「さっき、きみはモンバーグ先生と話していたが、ゴルフに誘われたんじゃないかい？」

「よくわかったな。そのとおりだよ」

「それじゃ忠告しておこう。ゴルフ場で、きみの腕前が上だとわかっても、勝ちはドクターに譲《ゆず》ることだ」

「どうしてだね？」

「わたしもゴルフに誘われたことがあってね。大差で勝ったところ、つぎに診察を受けにいったら、当分のあいだゴルフを禁止されたのだ」

＊

ゴルフ場のバンカーで、年配の男がしきりにクラブを振っていた。五回振っても、一〇回振っても、砂埃《すなぼこり》が立つだけで、ボールはいっこうに飛ばない。

「あんなことを続けて、大丈夫かなあ。そのうちにボールより当人がばてるだろう」

ようすを見ていた別のゴルファーが心配を口にすると、そばにいた別のゴルファーが言った。

「心配無用ですよ。あの人は昨日もこんなことをやっていましてね。結局のところ、ボールはバンカーから出ていかず、当人が出ていきました。担架《たんか》に乗せられてね」

＊

「ゴルフを始めたそうじゃないか。どうだい、効果はあるかね？」

「はじめのうちは気分転換になったんだが、このごろは逆の効果があらわれて困っているんだ」

「というと？」

「ゴルフ場にいるときには仕事のことが気になって集中できず、仕事中はゴルフのことが気になって、どうしようもないんだ」

＊

行きつけのゴルフ場で、ジョンが会社の同僚ルディとばったり出会った。つぎはそのふたりの会話。
ルディ「きみがキャディをふたりも従えているのは、どういうわけだい？」
ジョン「ワイフに言われてね」
ルディ「奥さんに？」
ジョン「うん。ぼくが子どもたちと過ごす時間が少なすぎる、と彼女は主張するんだよ」

＊

エリザベスが親友のドリスに電話をかけてきて、泣きながら訴えた。

「どうしよう？　ボブが……ボブが家出しちゃったの」

「まあ。でも彼は、前にも家出したけど、戻ってきたじゃないの。心配することないわよ」

「でも、こんどばかりは戻らないと思うわ」

「どうしてそう思うの？」

「大切にしているボウリング用のボールを、もっていっちゃったのよ」

＊

ボウリング場でふたりの男が話している。

「おい。あの男のフォームを見ろよ。頭の上までボールをもちあげては投げているじゃないか」

「ああ、あの男か……あいつのフォームは直らないよ。だって、もとはプロ野球のピッチャーなんだ。オーバースローのな」

＊

つぎはボクシング。

クラークが、顔見知りのバートのところへ走ってきた。

「たいへんだ。あんたの奥さんがマイク・タイソンをののしったのがもとで、いまにも殴りあいそうな雲行きだよ」

「それがどうした?」とバートは冷たく言った。「マイク・タイソンがノックアウトされても、おれは謝る気なんかないぜ」

＊

ある旅客機のファーストクラス席に、獰猛《どうもう》なまでの荒っぽい格闘技で名高いチャンピオンが悠然と座った。

ところが、離陸の時刻が近づいてシートベルトのサインが出ても、彼はベルトを締めようとしなかった。フライトアテンダントが気づいて注意したが、チャンピオンは聞き入れようとしない。

それで古参のアテンダントが代わりに近づき、にっこりほほ笑んで頼んだ。

「お客さま、ごめんどうでも、どうかベルトをお締めください」

チャンピオンは肩をすくめただけだった。

乗客の多くはこの小さいトラブルの成りゆきに興味を抱いて見守った。やがて、チャンピオンは野太い声で言った。

「スーパーマンには、シートベルトなんか要《い》らねえよ」

アテンダントはにっこり笑って切り返した。

「スーパーマンなら空を飛べるでしょうに。ね、いま見せてくださいな」

＊

ヘンリーとアーニーは六十年も前からの親友で、楽しみはふたりでボクシングの試合を見ることだった。

ある日のこと、ヘンリーが唐突に深刻な表情を浮かべて、アーニーに聞いた。

「わしらが死んでから、天国ではボクシングなんかやっていないとわかったら、困るんじゃないだろうか？」

「そのとおりだ」とアーニーも気がついて、こんな方法を思いついた。どちらか先に死んだほうが、なんとかしてこの世に戻り、天国にボクシングの試合があるかどうか、知らせることにするのである。

それから数日後、アーニーが急死した。しかし、墓石のそばで悲嘆にくれるヘンリーの前に、光輪を背負い、翼《つばさ》をはやしたアーニーがあらわれた。

「これはアーニーじゃないか。また会えてうれしいよ！」

「わしはな、よい知らせと悪い知らせをもってきたんだ」

「おどろいたな。では、よい知らせから聞かせてくれ」

「天国でもボクシングが見られるよ。往年の名選手たちが全盛時代の若い姿で闘うんだぜ」

「そいつはすばらしい。で、悪い知らせは？」

「マルシアノとオサリバンの試合が、この土曜日に開催されることになってな、おまえさんとわしはそのリングサイドの席に座るんだよ」

＊

バーでひと暴れしたせいで、そのボクサーは判事の前に立たされた。付き添ってきた弁護士がさっそく依頼人をかばった。

「判事、わたしの依頼人はプロのボクサーです。当人は軽い練習のつもりだったのです」

判事は聞き入れなかった。そこで弁護士は強く主張した。

「あなたは、プロボクサーのことがおわかりになっていないようですね。こういう人の両腕は独自の意思《いし》をもっているのです。たとえ脳がノーと制止しても、腕は勝手に動いて、ジャブ、ジャブ、ジャブ、と連打し、そうなったら、もう止まらないのです」

「わかりました。わたしも同情します。したがって、被告人の両腕を留置場送りにします。被告人は自分の腕に同行するか、しないか、この場で決めなさい」

＊

競馬ファンたちの話。

引退してのんびり暮らすモンタナ氏は、競馬が大好きで、レースがある日には毎日のように出かけていき、すべてのレースに賭けていた。

当然、馬券売り場の男とは友だちのように親しい間柄だった。

ある日、モンタナ氏はこれまでとは違う賭け方をした。前日までは、一レースに一頭だけ賭けてきたのに、今日は一レースに四頭ずつ賭けたのである。

「旦那。今日は新しい方式を取り入れましたね。こうしろというお告げでもあったんですかい？」

モンタナ氏は、肩をすくめた。

「昨日までわたしは、出走馬の表にピンを突き刺して、刺さった馬に賭けてきたのだが、今朝はそのピンが見つからなくてね。かわりにフォークを使ったのだよ」

＊

父親といっしょに帰ってきた息子に、母親が聞いた。

「動物園はどうだった？」

「とっても楽しかったよ。父さんが、お祝いだと言って、アイスクリームを買ってくれたんだ」

「お祝い……何のお祝い？」

「う……いや、動物の一頭が勝って、父さんには一〇倍ものお金が入ったんだって」

＊

競馬狂のラスが、州兵が封鎖中の道路を猛スピードで通り抜けようとして、停められた。

「なぜ急いでいるんです？」と中尉がたずねた。

「女房に赤ん坊が生まれるんだ」

「奥さんはどこにいるんです？　車にはいないじゃありませんか」

「うちだよ。おれは、大急ぎで馬券を買ってから帰らないと、女房を産院へ連れていくのが遅すぎることになりそうでね」

＊

めずらしく、ハンクが自信満々の顔で競馬場へ出かけていったのに、悄然《しょうぜん》として帰ってきた。

「今日はまれに見る好機だと思ったんだが……」

力なくつぶやく夫に妻がわけを聞くと、ハンクは聞き返した。

「今日の日付は？」

「はい。六月の六日だけど」

「では、曜日は？」

「土曜日です」

「つまり、六月の六日、週の六番目の曜日だ。そこへ六番目のレース、そして六番のコースと続けば……」

「あたしなら、その六番コースの馬に有り金、全部賭けたくなるわね」

「それだ。おれもそう思ったよ」

「で、その馬が一着になったの？」

ハンクは大きく溜息《ためいき》をついた。

「いや。六着になりやがった」

＊

その女性は裁判の陪審員を務めるように依頼されたが、自分は死刑に反対だから辞退したいと主張した。

「この事件には殺人など絡《から》んでいません。ある女性が、苦労して働いて貯めた五〇〇〇ドルで夫と旅行に行こうと思い、そのお金を旅行代理店に払うように、夫に預けたところ、彼は全額を競馬ですってしまったのです」

市の担当者から説明されて、その女性は言った。

「ひどい男！　そんなことなら、あたし、陪審員をやらせていただくわ」

＊

レースがすべて終わった。若い男が肩を落として出口へ向かう途中、一頭の馬の前で、牧師が祈りをあげているのに気がついた。

「牧師さん、祈っても無駄ですよ。その馬は勝ったためしがないんです」

牧師はうなずいた。

「わたしもこの馬に賭けたのですがね。いまは最後の祈りをあげているところです」

＊

ホフマイヤーが念願のエベレスト登頂を試みたあげく、中止して帰国した。

「いやー。悪天候には勝てなかったよ」

登山仲間は漠然とした説明には納得せず、細かいことまで聞きたがった。ホフマイヤーは言い直した。

「中止した原因は、気象についての事前調査が不足していたということに尽きるよ。アタックするための装備や技術を試すことができなかったんだから……」

彼はそこでいったん言葉を切り、ちょっと考えてから続けた。

「まあ、いまの段階で言えるのは、ベースキャンプ用のテントをもっと丈夫にするということだな」

「すると、強風で吹き飛ばされたのか？」

「そうだ。おれたちのテントだけじゃない。おれたちが風の陰に身を潜《ひそ》めているとき、上空から女の悲鳴が聞こえて、見あげると、ひとりの女がパラシュートにぶらさがっているじゃないか。

おれは、そんなパラシュートではここに降りられない、と大声で知らせた。ところがその女はこう怒鳴り返したんだ。『これはパラシュートじゃない。わたしたちのテントなのよ！』とな」

＊

人は考え、神は笑う。（ユダヤのことわざ）

＊

女と喧嘩をするとき、いちばんの方法はあなたの帽子をしっかりつかんで、逃げることだよ。

＊

貧しい夫の多くには、金のある独身男だったという前歴があるものだ。

＊

彼は時間を守るし、妻を愛しているし、理想的な夫だった。それが一変したのは、彼が予定より二時間早く帰宅したときからだった。

＊

「あの女はちっとも老けないなあ」

「だけど本人は『あたし、そろそろ中年よ』と言ってるぜ。もう三度目のことだがね」

＊

「若いころ、わしは世界を見たくて海軍にはいったんだ。ところが配属されたのは原子力潜水艦だった」

＊

「あんたの奥さんは、ニラ・玉ねぎダイエットを始めたそうじゃないか。効果はどうだね？」

「体重を五キロ失い、友だちを五人失ったよ」

＊

つぎは車社会とトラベルの裏側。

健康で五十をすぎた男ルイが宝くじにあたり、大金がはいった。

彼はさっそく最新流行の服を着こんで、乗用車の販売店へ乗りこんだ。

店員は丁寧《ていねい》に説明してくれたが、これまでおんぼろのトラックに乗ってきたルイにはちんぷんかんぷん。結局、若い女たちが好みそうなリアエンジンの新車を購入するはめになった。

つぎの週末、彼はそいつでピチピチした女の子をひっかけようと、若者たちの溜まり場へ勇んで出かけた。すると予想どおり、生きのいい女の子が寄ってきて、乗せてくれと言う。ことはルイの思惑《おもわく》どおりに運び、シルヴィというその女を乗せて郊外へドライブすることになった。

ところが、急カーブでもないのにハンドルを切り損《そこ》ね、道端の樹木に衝突して、車の前部が破損し、動かなくなった。

シルヴィは急いで降りて、破損個所をのぞきこんだ。

「あらー、これじゃお手上げね」と嘆くシルヴィにルイは言った。

「大丈夫だよ。この車は後ろに予備のエンジンを積んであるんだ」

ユーモラスなコラムを書くことで有名なアメリカのコラムニストが、こんな意味のことを述べていた。

「アメリカ人は心が広い。アルコール中毒か麻薬中毒じゃないかとか、ワイフに対して暴力亭主かもしれないと思うような相手でも、受け入れる。しかし、男が運転できないとわかれば、頭がおかしいのではないかと疑う」

そう。アメリカでは、女性が運転しなくても、異星人のようには見られない。クルマがらみのジョークに登場する女性がどんなふうに扱われるか、まず紹介しよう。

初対面ですっかり打ち解けたふたりの男が話している。

「わたしのワイフはバックシート・ドライバーでしてね。ハンドルを握るわたしに、運転席の後ろからこんなふうに何度も命令するのです。『ほら、この先の角を左へ曲がるの……いいわね。左折、ハンドルを左に切るのよ』と、うるさくてねえ」

すると、相手は打ちあけた。

「あなたはまだいいほうですよ。わたしのワイフときたらこうなんです。『ほら、この先の角を左へ曲がるの……違う、違う！　右よ、右って言ったじゃないの！』」

＊

ドライバーが、同乗したワイフの指図のほうを信頼するようになると、どうなるか。

隣家のアルバートが交通事故で怪我をしたと聞いて、友人のショーンが見舞いにいった。

病室で、包帯に包まれてベッドに横たわる姿にびっくりして、ショーンは聞いた。

「事故の原因は？　居眠り運転でもしたのかい？」

アルバートは苦笑しながら教えた。

「いや。おれは眠らないよ。ワイフのやつがバックシートで眠ってしまったんだ」

＊

ブランダー氏が奥さんとその友だちをワゴン車に乗せて走っていると、後ろからパトカーが追いかけてきて、停められた。

パトカーから警官が降りてきて、運転席の窓ガラスを開けるように命じた。

「さきほどからサイレンを鳴らしていたのに、気づかなかったのですか？」

ブランダー氏は肩をすくめ、後部座席のほうを指さして、言った。

「見たまえ。彼女たちは、わたしの妻と、久しぶりに会った学友たちなのだ」


意味はおわかりだろう。学生時代の仲よしが久しぶりに会ったのだ。それはもう賑《にぎ》やかなこと、賑やかなこと。

パトカーのサイレンなど、彼女たちの耳にも夫の耳にもはいるはずがない。ここで夫が警官に片眼をつぶってみせれば、警官も心得ていて、見逃してくれたかも。

女性の運転で狭い山道を猛スピードで走っていた乗用車が、急カーブで対向車と出会い、とっさにブレーキを踏みながら、ハンドルをけんめいに切った。対向車のドライバーも反射神経がよく、二台はなんとか無傷ですれちがった。

ところがすれちがうとき、対向車のドライバーは顔を出して叫んだ。

「メウシ！」

こちらの女性ドライバーは太り気味なので、貶《けな》されたと思ってやり返した。

「ブタ！」

勘違いだった。相手はこの先に牛の群れがいることを警告してくれたのに、こちらが牛の群れに突っこんだとき、警告だったことにはじめて気がついたのだった。

乗用車に方向指示器なんかついていなかったころにできたらしいジョーク。

「ハンドルを握る女がウィンドウの外へ手を突きだしたら、どういう意味があるんだ？」

「左折するか、右折するか、バックするか、誰かに手を振っているのか、それとも停止するのか……さあて、どれかなあ」

＊

「まあ、お久しぶり。新車を買ったと聞いたけど、あそこに停めてある車がそうなの？」

「ええ。ちょうどいいわ。あたし、これから帰るところなの。途中まで乗っていかない？」

「ありがとう。助かるわ」

それから三分後。

「すてき。この車、スムーズに走るわねえ」

「ま、待ってよ。あたし、まだエンジンをかけていないのよ」

＊

判事「あなたが逮捕された理由は承知しているのですな？」
被告「いいえ」
判事「では読みあげましょう。あなたは制限時速を無視して、時速八〇マイルで、しかも道路の左側を走った。時刻は真夜中。それなのにライトをつけていなかった。そちらに言い分はありますか？」
被告「ありまさ。あのとき、それら全部が必要だったのです。あれは、おれが盗んだばかりの車だったもんで」

＊

警官「奥さん。あなたは交通を妨げています。もっと速く走れないのですか？」

婦人「走れますよ。でも、あたし、車から離れたくないのです」

＊

前から自分の車が欲しいと夫にねだっていたマーサに、友だちが聞いた。

「どう。車を買ってもらったの？」

「まだよ。かわりに電気洗濯機を買ってくれたわ」

「……？」

「まず、機械というものに馴染《なじ》む必要がある、と言われちゃったのよ」

＊

イエスが水上を歩いて渡ったというガリラヤ湖は、イスラエルの北部にある。

アイルランドから聖地へやってきた神父が、由緒あるその聖地へ足をのばそうと思いついて、旅行会社を訪れた。しかし、ガリラヤ湖を渡るフェリーの料金は、神父にとってあまりにも高かった。神父は溜息をついて、独りごちた。

「これなら、イエスさまが徒歩でお渡りになったのも当然だなあ」

＊

ある中国人カップルがヨーロッパを旅行したとき、イタリア南部の小さな町へ立ち寄り、昼食をとろうとレストランへ入った。料理の味は申し分なかったが、卵の値段が法外に高く、一個が三ユーロになっていた。

男はそのことに文句をつけるでもなく、こう質問した。

「このあたりでは卵が不足しているのですか？」

レジ係は肩をすくめて、言った。

「いやいや。中国人が不足しているんですよ」

＊

ヨーロッパを車で縦断旅行しているアメリカの若者が、車を停めて通行人にたずねた。

「ここはどこですか？」

聞かれた老人は答えた。

「そうじゃな。ルアーブルとマルセイユの中間といったところじゃろう」

若者は言った。

「細かなことはいいんです。ここはどの国の領土ですか？」

＊

テキサスに住むパッケレー氏の孫娘が、女子大のクラスメートといっしょにエジプトへ遺跡見学に出かけ、二週間ほどで帰ってきた。

「こんなところに行ってきたのよ。ほら、写真を見て」

パッケレー氏はひとめ見ると、驚愕《きょうがく》した。

「おまえの後ろには大きな柱が転がっているじゃないか……さては、レンタカーをぶっつけたな！」

＊

昔のこと、国へ帰ってきたスペインの船乗りが、ハワイのことを話していた。

「あそこじゃ、若い女たちが長い草の葉をスカートにしているんだぜ」

「まさか」

「嘘《うそ》じゃない。その証拠に、好き者の男どもは芝刈り機を船に積みこんでいくそうだ」

6　こころの迷子

ペットがかかわるジョークは、ますます増えている。

ダンカンが、毛並みのよいグレイハウンドを高額で買った。ひととおり観察して、これなら申し分ないと思い、さらにウサギを一匹手に入れて、郊外の川べりへ二匹を連れだした。

彼はまずウサギを放し、一分後に犬の鎖《くさり》をはずして、追いかけさせた。それからものの十分とたたないうちに、偶然ダンカンの友だちが車で通りかかった。

「ウサギとグレイハウンドを見かけなかったかい？」とダンカンがたずねた。

「見たよ。いやあ、すばらしいレースだったぜ。おれのそばを走り抜けたとき、犬のほうが三メートルくらい先を走っていたかな」

＊

「うちの犬は血統書なんかついていないけど、番犬としては申し分ないわ」とストール氏の奥さんが自慢した。「家の近くをデュークに気づかれずに通り抜けられる人はいないと思うわ」

「見知らぬ人には獰猛《どうもう》で、すぐに噛《か》みつくの？」

知人がちょっと羨《うらや》ましそうに聞くと、ストール夫人は首を横に振った。

「その反対よ。デュークはあたしたちのベッドへ、ぶるぶる震えながら、強引にはいりこむの」

＊

獣医のベンソン氏の診療所へ、近くに住む女性の患者がやってきた。一ヵ月ほど前に犬に噛まれたのだが、治《なお》るどころかしだいに悪化していると言う。

診察してみると、狂犬病だった。血清で治る時期は過ぎている。ベンソン氏は患者への衝撃をやわらげようと、あいまいな表現で告げた。

「狂犬病です。すぐに死ぬというわけではありません。奇跡だって起きるかもしれません。わたしも最善を尽くします」

するとその女性はメモ用紙を二、三枚いただきたいと頼み、テーブルに向かってなにやら書きはじめた。

「そんなに急いで遺言を書かなくても、時間はたっぷりありますよ」

医師が止めると、患者は言った。

「これ、遺言状なんかではありません。これから嚙みついてやる連中のリストです。ほら、ごらんなさい。いちばんはじめに、わたしの夫の名前があるでしょ」

＊

天気のいい休日、独《ひと》りで外出した夫から、老妻へ電話がかかってきた。

「新しい犬を買ったんだ。すぐ来てくれ」

「大きくて、扱いにくいの？」

「いや。中型犬だよ」

「まさか嚙みつくんじゃないでしょうね？」

彼女が冗談を言うと、夫は答えた。

「それを知りたいから、来てほしいんだ」

＊

「この犬、前に会ったときには愛想がよかったのに」

「前にきみが使ったグラスはぼくの専用だったが、いまきみが使っているのは、こいつの専用グラスなんだよ」

＊

ニューヨークのセントラルパークでのこと。

大きなボクサー犬が立ち止まり、ロシア産のウルフハウンド（大型の猟犬）に親しげに尻尾を振って、話しかけた。

「アメリカには慣れたかい？」

「おれの国とはだいぶ違うな。ロシアじゃウォッカに漬けた骨とキャビアを食い、めったにないシベリア産の材木でつくった犬小屋で暮らして、厚くて暖かい毛皮の毛布にくるまって寝ていたものだが……」

「それなら、なぜアメリカへ引っ越してきたんだい？」

ウルフハウンドは打ちあけた。

「たまには思いっきり吠《ほ》えたいし、お偉方をけなしたいからな」

＊

癇癪《かんしゃく》もちの社長夫人が、雇って一年ほどたったメイドをクビにした。メイドはさっさと身のまわりのものをまとめてから、台所でなにやらやりだした。時間がかかるので、夫人がのぞいてみると、メイドは飼い犬のシェパードに上等のハムやビスケットを食べさせながら、話しかけていた。

「案外やさしいのね」

夫人の声に振り向いたメイドは言った。

「お礼のしるしですよ。この一年、すべてのお皿の汚れをすっかり舐《な》めとってくれたんですから」

＊

男が女より犬のほうを好む理由。

犬は、ロブスターディナーよりハンバーガーディナーのほうを喜ぶ。

犬は、飼い主である男が前にどんな犬たちとかかわったか、気にしない。

犬は、ビールが大好きだ。

犬は、主人の家へ友だちが遊びにきてくれるのを喜ぶ。

犬は、自分用のシャンプーを主人が使っても気にしない。

犬は、主人がほかの犬と戯《たわむ》れても平気。

犬がどれほどゴージャスな姿でも、ほかの犬は嫉妬《しっと》しない。

＊

ある夫婦の会話。
妻「ほら。暖炉の前をごらんなさいな。家の犬と猫とが仲よく寝そべっているでしょ」
夫「それがどうした？」
妻「あの二匹は、決して喧嘩をしないわ。あたしたちもあんなふうに暮らせないかしら」
夫「無理だね。試しに二匹をひとつの紐《ひも》に繋《つな》いだら、どうなると思う？」

＊

ペットショップで、数日前に猫を買った女が苦情を述べたてていた。

「先日あなたは『この猫は鼠《ねずみ》向きですよ』と言いましたね」

「ええ。覚えています」

「でも、あの猫は鼠には見向きもしないじゃないの」

店の主は応えた。

「そうでしょう。ですから、鼠に向くと申しあげたのです」

＊

スティーヴは、飼っている猫を処分してくるように妻から強く言われた。結婚する前、彼女は猫が大好きだと言っていたのに、結婚してから猫を飼いはじめると、せっかくつくった手料理を盗み食いされるのを嫌がり、とうとう猫嫌いになった。そうして今日、ついに堪忍袋《かんにんぶくろ》の緒《お》が切れたのだった。

もう、宥《なだ》めようがなかった。スティーヴは猫を段ボールの箱に入れて、近くの森にわけ入り、何マイルも歩いてから、心を鬼にして箱を開け、放置して帰ってきた。

スティーヴが帰ってきたのは、暗くなってからだった。

「あの子をちゃんと棄《す》ててきたの？」

「棄てたかって？」と彼は憮然《ぶぜん》として言った。「ぼくがあの猫の後についてこなければ、いまごろは深い森の奥で迷い、動けなくなっていただろうよ」

＊

高級住宅地にすむハリエットが、隣家の友だちライザが涙を浮かべているのを見て、声をかけた。

「どうなさったの？」

「あたくし、ポールのことが心配で……」とライザは涙を拭いて答えた。「最近、家にときどき盗みに入る野良猫がいて、彼はどう対処しようかと悩んでいたの。でもやっと、わたしの願いを聞き入れて、彼の自家用機で遠くへ運び、棄ててこようと決めたのよ」

「それじゃ、心配することはないでしょう。ポールはそのうちに帰ってくるわよ」

ライザの目から涙があふれ出た。

「だめだと思うわ。ポールはまだ帰ってこないのに、猫のほうは先ほど帰ってきたもの」

＊

猫同士の会話。

きれいな雌《めす》のペルシャ猫が、よちよち歩きの仔猫を四匹従えて歩いていた。そこへ雄《おす》のペルシャ猫があらわれて、声をかけた。

「ハーイ、ハニー」

「ハニーなんて呼ばないでよ！」と雌猫は怒声を発した。「あんた、あのときは、レスリングのまねをしようと言って、あたしを騙《だま》したじゃないの」

＊

プレイボーイのあいだで夜の貴婦人として名高かったサンドラが他界し、身寄りがないので、所持品が競売にかけられた。彼女の美貌、蠱惑的《こわくてき》に絡《から》みつく肢体、そしてとろけるような囁《ささや》きを忘れかねる男たちが押し寄せたことは、言うまでもない。

なかでも、ひときわ注目を惹《ひ》いたのはみごとな毛並みのオウムで、競売人もいっそう張りのある声をあげた。

「さあ、みなさん、この美しい鳥をごらんください。もちろん、頭のよさも保証つきです！」

「三〇ドル！」と後ろから声があがった。

「四〇ドル！」

「五〇ドル！」と続いたところで、オウムがハスキーな声でしゃべった。

「ねえ、一〇〇ドル出しなさいよ、おじさん。そしたら特別待遇してあげるわよ」

＊

高齢のコネリー夫人が、友だちからオウムを贈られた。ところが、そのオウムは下品な言葉しかしゃべらず、夫人は困惑して、やはりオウムを飼っている教会の神父に相談した。神父は言った。

「わたしのオウムは雌です。それはもう聖女のようで、朝から晩までお祈りの言葉をしゃべっていますよ。あなたのオウムを連れていらっしゃい。そばに置けば、きっといい影響を受けるでしょう」

コネリー夫人は、さっそく神父の自宅へオウムを連れてきた。夫人の鳥かごをそばに置くと、二羽はしばらく目を合わせていたが、とうとう夫人のオウムが口を開いた。

「よお、ちょいといいことしないかい？」

「ステキッ」と神父の雌オウムは応じた。「あたし、誰かがそう言ってくれるように、何年も祈ってきたのよ」

＊

損保会社に勤めるバーバラが、三ヵ月ほど外国で勤務することになって、そのあいだオウムを預かってくれる人を探しはじめた。そしてようやく、オウムはもちろん、小鳥が大好きという女子学生が見つかった。

彼女を家へ連れてきて、オウムに引きあわせたところ、見るなり、すっとんきょうな声をあげた。

「ヒャー！　大きなカナリヤですね」

「これはカナリヤじゃなくて、オウムなの」

「なら、いまは黄疸《おうだん》にかかっているんですね」

＊

ペットとして可愛がっていたカナリヤが死んで、六歳のマルタは悲嘆にくれていた。娘を慰《なぐさ》めようと、父親はからになった葉巻の箱を探しだして、愛鳥を入れて埋葬するようにすすめた。母親もふくめて三人が庭の片隅に埋葬した後、マルタは父親に聞いた。

「パパ、あたしのカナリヤは天国に入れてもらえるかしら？」

「もちろんだよ」と父親はなぐさめた。「でも、なぜそんなことを聞くんだね？」

「あたし、考えていたの。聖ペテロさまは、箱を開けて葉巻が入っていないことに気がついたら、お怒りになるんじゃないか、とね」

＊

庭の芝生を刈っている父親に言われて、息子のジョーが母親のところへ走ってきた。

「パパがね、ハエがうるさいから、帽子をもってこいって」

母親は帽子を取りにいくようすを見せず、ジョーに言った。

「それなら金槌《かなづち》をもっていって、ハエがパパの頭にとまったところを、そいつで叩き潰《つぶ》しなさい」

＊

コロラド州の農村で、ひとりの農夫が耕運機を使って仕事をしていると、携帯電話が鳴った。六歳になる息子が自宅からかけてきたのだった。

「父ちゃん。よその男の人がでっかい車に乗ってやってきたよ！」

「どんな用事だ？」

「それがよくわからないんだ」

「そうか。じゃ、これから父ちゃんのいうことをよーく聞いて、そのとおりにしろ。父ちゃんは急いで帰るからな」

「うん」

「いいか。その男が旅の伝道師だったら、地下室へ下りて、酒蔵の鍵《かぎ》をしっかりかけるんだ。そいつが役所の者なら、父ちゃんがウイスキー蒸留器を置いてある部屋の入り口にも鍵をかけろ……それからあとひとつ。男が旅まわりのセールスマンなら、おまえはわしが帰るまで母ちゃんの膝へのって、しっかりしがみついていろ！　それでもダメなら隣の犬を呼んで、噛みつかせろ」

アメリカのたいていの町には地元の新聞が発行されていて、その広告欄を住民がよく利用する。

たとえば飼い猫が行方不明になったときには、「迷子の雄猫、探しています。名前はペック。二歳。毛色は茶。見かけた方は下記の電話へお知らせください」といったような文面で、飼い主が出す。

以下は、東部の中都市で発行されている地元紙に載った広告。

ジェームズ死亡。中古のキャデラック一〇ドルで売却したし……

これを見て、ジェームズの友人が未亡人に電話をかけた。まずお悔《く》やみを言ってから、彼は「キャデラックを一〇ドルで売却するわけを聞いた。すると彼女は説明した。「あたし、ジムの遺言にしたがっているの。『私が死んだら、キャデラックを売って、そのお金を秘書のケイトにあげてくれ』と書いてあるんだもの」

＊

アメリカのノースダコタ州はカナダと接している。ところが農家のタンブラー家の場合、畑はカナダ領に、自宅の敷地はアメリカ領にある。それは、国境線を決めたさい、いずれは両国の話しあいによって決定する事案となり、いまだに決定しないまま年月がたち、現在にいたっているのだった。

ある日の午後、成人した長男が興奮して帰ってくると、祖母に伝えた。

「おばあちゃん、うちの土地と畑がどっちの国に属するか、とうとう決定することになったよ」

「そうかい。それで、うちはどちらになるのかねえ」

「アメリカかカナダか、好きなほうを選べるんだって。おばあちゃんはどっちを選ぶ?」

祖母は空をちらっと見て、すぐさま答えた
「カナダの冬は寒い、とみんなが言うじゃないの。あたしはアメリカに所属するほうがいいねえ。それに、隣の犬はうちのほうになついているもの」

＊

ある小都市の郊外で、騒ぎが起きた。そこは静かな佇《たたず》まいの一画で、ひとりの主婦が突然精神に異常をきたして、台所をめちゃめちゃに壊し、とうとう警察のパトカーが来て、彼女を病院へ搬送したのだった。

「ジョンソンさんに奥さんがいたとは、知らなかったわ。あなた、知っていた?」

「いいえ」

「あたしも。台所のほうでときどき物音がするので、メイドさんかな、と思っていたの」

「ジョンソンさんも近所づきあいをしない人だし、奥さんもお友だちなんか、いないでしょうよ」

近くに住む奥さんたちのあいだでは、この話題でもちきりだった。

それから一時間ほどたったころ、ジョンソン夫人が運びこまれた病院では、駆けつけた夫と医師とのあいだに、こんな会話が交わされていた。

「このごろ奥さんのふるまいに異常な点がありませんでしたか？」

「いいえ、ぜんぜん。彼女は穏《おだ》やかな性格で、働き者でした。愚痴《ぐち》ひとつこぼさず、この十年間、キッチンから一歩も出たことがなかったのです。話し相手は猫だけでした」

＊

医師「おや、また足腰の疲れですか？」
警官「そうなんです。痛みもひどくて、仕事になりません」
医師「薬の効きめにも限度があります。そのことを承知したうえで、服用してください」
警官「わかりました」
医師「いいですか。フルスピードで逃走する車を走って追いかけるなんて、無謀《むぼう》のきわみというものです」

＊

診察室から若い尼僧が走りでた。目から涙があふれている。ちょうど通りかかった院長の母親が、やさしく制止して聞いた。

「どうなさったの。手荒な診察でもされたの？」

尼僧は涙も拭かずに、話しはじめた。

「あたし、今朝からしゃっくりが止まらないので、診《み》ていただこうと、こちらへ来たのです。するとドクターは、聴診器をあたしの胸にしばらく当てただけで、おっしゃいました。『あなたは妊娠していますね』と……あらっ。止まったわ。しゃっくりが止まっています！」

院長の母親はにっこり笑って言った。

「ね。わたしの息子は名医でしょう」

＊

所要があって地方へ出かけていた骨董商のモンベルク氏が、帰ってくる途中、道端に古道具屋があることに気がついた。商売熱心な彼は車を停め、その店へはいってみた。意外にも、みごとなキャビネットが置いてあった。埃《ほこり》をかぶり古ぼけて見えるが、紛《まぎ》れもなく銘品チッペンデール(英国を代表する家具デザイナー）だった。ちゃんと磨《みが》けば、何万ユーロもの値で売れるだろう。

モンベルク氏は興奮を抑え、安物を買うときのような口調で、店の主に言った。

「うちではちょうど薪が切れていてね、この古いキャビネットはよく燃えそうじゃないか。いくらで譲《ゆず》ってくれるかね？」

「そうですねえ……一五ユーロでどうです？」

「えっ。一五ユーロも！」

尻込みしてみせると、主は一四ユーロにしてくれた。それで取引は成立。モンベルク氏は支払いを済ませてから、頼んだ。

「あしたの午前中に、トラックで受け取りに来るから、それまで預かっていてくれ」

翌朝、モンベルク氏はトラックをとばして、その古道具屋へやってきた。ところが、店の入り口に薪の束が積んであるだけで、キャビネットが見当たらない。

「あのキャビネットはどこだね？」

モンベルク氏が聞くと、主は入り口のほうを指さした。

「あそこですよ。あいつに一四ユーロもふっかけたもんで、気が咎《とが》めましてね。もち帰りやすいように、たたき壊して、束《たば》ねておきました」

＊

ビーチで監視員のアルバイトを始めた男に、友だちが聞いた。

「どうだい、バイトは？」

「出だしは上々だよ。きょうは女の子を助けて、勇敢な行為でほうびをもらったんだ」

「すごいじゃないか。それじゃ、女の子を助けるのに手こずったんだな？」

「いや。彼女を襲った男に手こずったのさ」

7 消えた楽園

熱烈な恋愛を経て結ばれたカップルにも、たいていは倦怠期《けんたいき》というやつがやってくる。それをうまく乗り越えれば、そのカップルの結婚は成功だったと言えるだろう。

だが、その手段を見つけ、うまく実行するのは、そう簡単ではない。要は夫も妻も自発的な努力を厭《いと》わないことである。

ある識者はこう言っている。「結婚はふたりの人間の連帯だが、片方は誕生日を決して覚えないし、他方は決して忘れない」

これをいまの日本風に言い換えれば、「夫のほうは、子どものときの妻の遊び友だちの名前を忘れがちだし、妻のほうは夫のゴルフの成績など覚える気がない」となるだろうか。まず「汝《なんじ》の敵の大切なものを知れ」である。

つぎのジョークを読む前に「ピーター」という英単語は男の性器を意味することがある、とご承知ください。

ショウビジネスの世界で羽振りのよいシルバースタイン氏が、通りがかりのはきもの店で形もデザインもみごとな靴《くつ》を目にして、衝動買いした。このところ妻はなんとなく冷ややかで、これが夫婦の倦怠期かと思っていたときでもあり、少しでも妻の関心がこちらに向いてほしい、と願ってのことだった。

その夜、彼は妻がベッドにはいるのを待ってから、着ているものをすっかり脱ぎ、新しい靴だけを身に着けて、寝室にはいり、立ち止まって、彼女の視線が靴のほうへ注がれるのを待った。が、いつまでたっても、読んでいる本から目をあげようとしないので、たまりかねて要求した。

「もう、わたしのピーターが指し示す方向を見てもいいころじゃないかね？」

彼女の視線はようやく下へ流れたが、そのつぎの言葉がシルバースタイン氏には衝撃的だった。

「そんなことなら、あなた、お帽子を買えばよかったのに」


夫婦間の時間がだらだらと流れだしたら、夫たるものはまず妻を喜ばせるべきだろう。このシルバースタイン氏、どうやら自己中心型のようである。


ペック夫妻の結婚記念日が近づいたある日、妻が夫に聞いた。

「ねえ、あたしたちの結婚記念日を覚えている？」

「決して忘れないよ」

「うれしい。あたしのお友だちのご主人たちは、ほとんど覚えていないそうよ」

そこで黙っていればいいのに、ペック氏はうっかり口を滑《すべ》らせてしまった。

「きみとの結婚式を挙げる前の日に、わたしはホールインワンを達成したんだもの、忘れるわけがないじゃないか」

どうやら、夫婦で共有する価値観が多いほど、不和が少ないようだ。ともに笑い、ともに遊ぶ機会が多いほど、そのカップルの絆《きずな》は太く、丈夫になる。「はじめに」でも述べたが、ある離婚コンサルタントは言っている。「あなたの夫が怪しいと思ったら、毎日彼を笑わせなさい」。なるほど、笑いは精神の平衡《へいこう》を助長する。


親しいふたりの中年女性が話している。

「ねえ、ねえ、『夫婦の倦怠期を克服する』という本を読んでみたら、とっても役に立つことが書いてあったわよ」

「まあ、どんなこと？　教えてよ。ね、いいでしょ？」と、ブロンドの女性にうながされて、相手は深く息を吸ってから話しはじめた。

「夫が会社から帰ってくるころ、寝室をきれいにしておき、セクシーなネグリジェを着て、彼を迎える。そして、しっかり抱きついて、こういうの。『あなたのことを想っていると、体中が燃えるように熱くなってきたの。ねえ、きょうは、あたしを好きなようにしてちょうだい。くすぐるなり、ひっぱたくなり、どんなことをしてもいいわ』とね」

「ふーん。それで、試した結果は？」

「最高だったわよ。あのひとは張り切っちゃって……あたしも燃えに燃えて、終わってからも、余韻がながーく続いたわ」

「じゃ、あたしも試してみよう」

それから数日後、ふたりはまた顔を合わせた。

「きのう、あれを試してみたわ」と、さっそく報告が始まった。「あなたから教えられたことよりもっと積極的な方法を工夫したの」

「どんなふうに？」

「彼が帰宅する頃合いに、あたし、体を半分ほど露出して、体に香水をふりかけ、ベッドに自分を縛りつけたの。そうして、彼がベッドルームへはいってくると、思い切りセクシーな声で誘ったわ。『ねえ、あたしをよく見て。あたしをいたぶってちょうだい。あなたの好きなようにしていいのよ』とね」

「やったわね！　ご主人は燃えあがったでしょう？」

ところが、返事はこうだった。

「とんでもない。彼は目を輝かせて、こう言ったのよ。『ほんとうか？　それなら、おれ、これからゴルフに行ってくるよ』とね」

＊

その若い妻は、夫が浮気しているようだと気づいた。怒りで気が変になりそうだった。それで銃器店へ行って拳銃と弾を買ってきた。

翌日、彼女は会社を早退して、帰宅した。忍び足で二階へ上がると、思ったとおり、寝室ではブロンドの女と夫が抱きあっていた。妻はバッグから弾を込めた拳銃を出し、銃口を自分の頭に向けた。夫はベッドから飛びおりて、懇願した。

「早まるな。頼む。銃を下ろしてくれ！」

妻は逆上して怒鳴った。

「おだまり。死んでやる。つぎはあんただよっ！」


いったい浮気は、どういうきっかけで露見するのだろうか？　原因はさまざまだが、アメリカでは今世紀になってから、妻や夫の携帯電話に登録した番号とか通話記録から配偶者に知られてしまうことが、いちだんと多くなったらしい。そういえば、瀬戸内寂聴《せとうちじゃくちょう》さんの短編小説の中に、携帯電話に残る記録が不倫露見のきっかけになった、という佳作がある。

反対に「まさか」と思うようなケースもある。これはアメリカでの実話――。

その中年の夫は野球が大好きで、会社から帰宅すると、グラブとバットをもってすこし離れた野球場へ行くのが、結婚前からの習慣だった。

やがて、ふとしたことから夫に女ができた。彼は野球にかける時間を減らし、情事を何年も続けたが、妻は夫の行動に不信をいだかず、そのうちに夫が野球道具をもたずに出かけるようになっても、気がつかなかった。それだけではない。夫の楽しみにゴルフが加わっても、彼女はいつまでも無関心でいた……。

嫌いな相手に向かって嘘《うそ》をつくときには、褒《ほ》め言葉というオブラートに包むのが上策である。

＊

青年期は、金持ちになるには最良の時であり、貧しくなるにも最良の時である。（エウリピデス――古代ギリシアの悲劇詩人）

＊

わたしにとって老齢は、わたしよりつねに十五年先のことである。（バーナード・バルーク――アメリカの実業家・政治家）

＊

死と税金ほど確実に到来するものはない。しかしながら、死は毎年はやってこない。

定年や引退を扱ったジョークも見てみよう。

定年を五年後にひかえて、モーティマー氏はこのあたりで引退しようかと迷いはじめ、数人の親しい同僚に相談した。

「年金で暮らせるなら、早いほうがいいじゃないか」

「体のどこも悪くなければ、暇つぶしだと思って、定年まで勤めろよ」……

反応はさまざまだった。定年前に退職した先輩に話すと、彼は冷ややかに答えた。

「辞《や》める前にせめて二週間、休暇を取って、毎日テレビを観て過ごしてみろ」

いわば疑似体験のすすめである。モーティマー氏はこの提案を実行してみることにした。

二週間たって出社したモーティマー氏は、同僚たちから質問攻めにあった。彼はみんなに同じことを言った。

「ことわざどおり、『跳《と》ぶ前に見よ』だよ。毎日ずーっと家にいて、昼間のテレビ番組を観つづけてみろ。サボっても目立たない勤めこそ健康維持の薬だとわかるぜ」

＊

引退生活とは、目覚めたとき何もすることがなく、眠るときには何かやり残している。そんな暮らしである。

＊

会社を辞めた男「おれの後任は見つかったかい？」
後輩「まだです。あなたがこなしていた仕事がはたして必要なのか、まだ決めかねているそうですよ」

＊

あちこちの企業では、退社する社員に時計を贈る。しかし、時計なんか必要ない暮らしが始まるのに、なぜだろう？

＊

退職祝いの夕食会で何がいちばんうれしかったか？　そりゃあ社長のジョークを聞かされても笑わなくてよかったことさ。

＊

退職して十年あまりたった元重役と偶然であったマークが、コーヒースタンドに近いベンチに腰をおろして、雑談をはじめた。

「……ところで、奥さまはお元気でしょうか？」

「きみは嘘発見器のことに詳しいかい？」

急に話題が変わったことに戸惑いながら、マークは首を横に振った。

「そうか。機械というやつは年とともに性能が落ちるものだ。それはわかるな？」

「はい」

「ところが、うちの嘘発見器はその逆でね。年とともにますます性能がよくなって、わたしの浮気をすぐに見抜くんだよ。そう、耳も目も、それに体も、元気なものさ」

＊

エルワース夫妻の引退生活は優雅なものだった。エーゲ海のリゾートへ行ったり、アルプスの避暑地へしばらく滞在したり、文字どおり人も羨《うらや》む老後生活を送っている。

その夫人のほうが地元のブティックへ買い物にいって、友だちに出会った。

「あーら、おとといはオペラへ行ったんですってね。何を聞いたんです？」

夫人はすぐに反応した。

「楽しかったわ。いろいろ聞いたの。この夏、ロンバーグさんたちはタヒチへ行くんですって。ジンマー夫妻は豪華船でカリブ海周遊……それからスマイケルさんのところでは、近いうちにお孫さんが生まれるそうよ……あっ、そうそう。ハートトレー家の息子さんのお嫁さんは、どうやら妊娠したらしいの。息子さんのほうは、半年前からこちらに帰ってこなかったのにね」

＊

三人の高齢女性が羨ましそうに話していた。

「あのふたりは理想の夫婦ね」

ひとりがこう言うと、二人めが相槌《あいづち》を打った。

「そのとおりよ。口論したことが一度もないんですって」

ついで三人めが受けた。

「ふたりとも八十歳。どちらかがしゃべりだすと、相手は急に耳が聞こえなくなるそうよ」

＊

高齢者の多いフロリダのビーチで、ふたりの未亡人が肌を焼きながら、夢物語をしていた。

「もしもわたしたちがお金持ちなら、六ヵ月はニースで過ごし、六ヵ月はカリフォルニアの海岸で、そして六ヵ月はハワイでのんびり羽をのばすことにしたいわね」

「それは不可能よ。だって、それなら一年に十八ヵ月必要になるじゃないの」

相手は耳をかさず、溜息《ためいき》まじりに続けた。

「お金があれば、すばらしいことができそうじゃない？」

＊

病院の診察室で、高齢の男が医師に説明していた。

「先生。わたしがなぜ診てもらうのか、わからんのですよ。毎朝、排便は七時と決まっているんです。毎朝ですよ」

「それはいいことです。なのに、ご家族は医師の診察を受けろというんですね？　おかしいですねえ」

「そうでしょう？　ただ、わたしは午前九時までベッドから離れないだけなんですよ」

＊

老いても仲よしのキャシー、リンダそしてメアリーは、若いときからの約束どおり、子どもたちが独立し、夫が他界してから、二階建ての家でいっしょに暮らしはじめた。以下は彼女たちの通常の暮らしの一コマである。

ある日の午後、キャシーが言った。

「あたし、シャワーを浴びてくるわ」

ゆっくり階段を上がってシャワールームへきたとき、彼女は階下へ聞いた。

「あたし、シャワーを浴びにきたのかな？　それとも、もう浴びちゃったのかしら？」

それを聞いたリンダがメアリーに告げた。

「上へ行って、手を貸してくるわね」

ところが階段を半分ほど上がったとき、リンダが下へ声をかけた。

「あたしは上がるところなの？　それとも下りるところ？」

一階のメアリーは独《ひと》りごちた。

「よかった。あたしの頭はまだあれほどボケてはいないわ」

そのとき、ドアをノックする音がした。とたんに、メアリーは大声を出した。

「いまの音、玄関から？　それとも裏口から？」

＊

ふたりの高齢女性が話している。

「なんでも忘れる病気って、何て名前だったかしら」

「……ええと、健忘症《けんぼうしょう》よ。でもなぜそんなことを聞くの？」

「ケイトから聞いたわ。その病気にかかれば、過去のことはすべて忘れてしまうんですって」

「でも、そうなったら困るじゃないの」

「でも、そのふりをすれば、役に立つことがあるそうなの。彼女はね、お孫さんからお誕生日祝いをねだられると、『あんたは誰？』と言ってやるんですってよ」

＊

暑い夏の日、孫息子のジョーがせっせとレモン水をつくりはじめた。

祖父がわけを聞くと、近くの公園へ運んで、喉《のど》が渇いた人々に売るつもりだという。

祖父はにやっと笑って、すすめた。

「それならレンチをもっていくんだな」

「レンチでどうするの？」

祖父は急に声を落として、自分の経験を教えた。

「売る場所の近くにある水飲み場の栓《せん》を、ぜーんぶ締めてしまうんじゃ」

＊

古い友だちがばったり出会い、それぞれの近況を語りはじめた。

ふたりとも八十代。近況といっても大きな変化のないのがふつうだが、今回は違った。

八十六歳のマークが結婚したというのである。

「相手は美人かい？」

「いいや」

「じゃ、料理が上手かな？」

「それも違うな」

「わかった。金持ちなんだろう？」

「とんでもない」

「ふーん。美人ではなく、料理はうまくないし、金持ちでもないか。いったいどういう女なのだ?」

マークは教えた。

「彼女はな、夜でも運転できるのだよ」

＊

親しい親戚や友人すべてに先立たれた女性マギーの独白。

「みんな、『マギーはどこへ行ったんでしょうねえ』と心配しているでしょうよ」

＊

「このごろの婆《ばあ》さんたちは頭が若いねえ。いいや。中身のことじゃない。外側のことさ。みんな金髪のかつらを被《かぶ》っているじゃないか」

＊

引退して腹が立つのは、コーヒーを飲むときにも会社の時間内に会社の金で、というわけにはいかないことさ。

＊

おれも年をとったなあとつくづく思いだすのは、白髪の、小柄でかわいい女に支えられながら、交差点を渡り、その女が自分の女房だと気づいたときだね。

天国にせよ地獄にせよ、戻ってきた者は皆無《かいむ》のようだから、これらについては言いたいほうだい。とんでもないことがたくさん描かれている。ここでは、天国にまつわる秘話をおもに紹介しよう。

偶然、同時に死亡した男女が、天国の門へやってきた。迎え入れるべきか拒絶すべきか審査・決定する聖ペテロは、女にごくむずかしいことを質問したうえで、受け入れるのを拒否した。ところが男には、ありふれたことを質問してから、天国へようこそ、と受け入れた。女がどうしてこんな差別をするのかと、不公平な扱いを詰《なじ》ると、聖ペテロは説明した。
「このところ、天国には女が増えすぎて、収容し切れないのじゃ。反対に、やってくる男は激減して、男がここへ来たのは四週間ぶりのことなのじゃよ」

キリスト教では聖ペテロはイエスの三大弟子のひとりとされている。ローマでバチカンを訪れた人なら気がついたかもしれないが、正面の広場に立つ銅像の人物が聖ペテロだそうな。

交通事故で、同時に三人の男が死亡した。天国の入り口には聖ペテロが控えていて、天国へ迎え入れる資格があるか、同時に調べはじめた。

「そなたたちのむくろが棺に納められ、遺族や友人が悲しんでいるとき、どんな言葉を期待したかの？」

最初の男はこう答えた。「わたしがりっぱな医師であり、りっぱな家庭人であった、と言ってほしかったです」

二番目の男はこう言った。「わたしはすばらしい夫で、すばらしい教師だった、という言葉を聞きたかったです」

三番目の男は言った。「見ろ。こいつは動きだしたぞ、という驚きの言葉を待ったのですが……」

＊

学生と弁護士とゴミ処理業者とが天国の入り口へ到着した。聖ペテロが三人に告げた。それぞれに異なる質問をするので、答えよ。それが正しければ、中へはいることを許可しよう、というのだった。

聖ペテロはまず学生にたずねた。

「氷山に衝突して沈没した豪華客船の名前は？」

学生は、それを描いた映画を観たばかりだったので、すらすらと答えた。

「タイタニックです」

聖ペテロは学生に天国にはいることを許可してから、弁護士に聞いた。

「その事故で死亡したのは幾人だったかの？」

弁護士も映画を観たので、淀《よど》みなく答えた。

「一二二八人です」

「うむ。正解じゃ。では中へはいるがよい」

ついで聖ペテロは、事前に用意してあった質問を、ゴミ処理業者に向かって言った。

「では、死者全員の名前をあげよ」

じつは、ゴミ処理業者は生前、ゴミの不法投棄を続けていた。どうやら聖ペテロは、悪臭が天国へもちこまれるのを阻止したかったらしい。

＊

ふたりの宇宙飛行士が、天国の門へやってきた。迎えたのは、いつものように聖ペテロだった。

「そなたたちのファイルに目を通すので、そこでお待ちなされ」

すると、宇宙飛行士のひとりが言った。

「いや。わたしたちはここへはいりたいのではありません」

「なんですと？」と聖ペテロはびっくりして聞いた。「では、何がお望みかな？」

もうひとりの飛行士が懇願した。

「お願いです、ペテロさま。われわれのカプセルを返してくださいませんか？」

＊

厳しい修道院で暮らしてきた若い修道女が死亡した。ところが天国では、彼女の住居がまだ完成していなかった。そこで聖ペテロはわけを打ちあけて、こう指示した。

「いったん地上へ戻り、二週間たったら、わたしに電話をよこしなされ」

修道女は承知した。待ちかねたのか、それから一週間後に彼女から電話がかかってきた。

「ペテロさま、あたくし、シスター・ペネローペでございます。いま、カリフォルニアに来ております。先日はじめてお酒を飲んだことを除いて、すべて順調にいっております」

聖ペテロは寛大だった。「それくらいなら、気にすることはない。ただ、そなたの住居はまだできあがっていない。来週また連絡しておくれ」

言われたとおりに次の週、電話がきた。「シスター・ペネローペです。なるべく急いでくださいね。昨夜ははじめてディスコというところへ行きました」

聖ペテロはやさしかった。「ディスコのことなど気にしないように。それより、来週の火曜日にまた連絡を、な」

次の週の電話の口調は、ぐっとくだけていた。

「ハーイ、ピート、ペニーよ。あたいのヤサのことは忘れてちょうだい」

＊

天国への入り口では、いろいろなことが起こる。

いつものように聖ペテロが待機しているとき、きれいな女性があらわれた。聖ペテロが声をかけようとすると、彼女の姿が急に消えた。わたしの目の錯覚だったか、と聖ペテロがいぶかしんでから間もなく、その女性がふたたびあらわれ、ものの一分もたたないうちにまたしても消えた。出たり消えたりがさらに三回続いてから、ようやく彼女と話すことができた。

「ペテロさま、ごめんなさい。あたし、交通事故に遭《あ》って、いま人工呼吸を受けているところなんです。こちらに来るかどうか、もうすこし待ってくださいね」

＊

手違いの例をもうひとつ。

あるとき、スリムな若々しい女性が天国への入り口にあらわれ、リリアン・クレインと名乗った。しかし、聖ペテロがファイルを調べても、その氏名に該当《がいとう》する女性が見あたらない。

「おかしなことがあるものじゃ」

聖ペテロは側の事務室へ行って、まもなく戻り、事情を説明した。神さまの御意思《いし》はたしかにリリアン・クレインを天国へお召しになるというものだったが、その御意思を遂行する担当者が七十代の女性の中から探すべきなのに、六十代の女性たちから探しだそうとしたため、とうとう見つからなかった、というのだった。

原因はこうである。

リリアンは六十代が近づいたとき、塩分や糖分その他、身体に有害な食物を摂《と》りすぎるうえ甚《はなは》だしい運動不足も重なって、医師から厳重に注意された。そのとき彼女は、この機会に完璧な体形に変えてみせようと決心し、死に物狂いで実行した。五十代で努力は稔《みの》り、どう見ても五十代としか思えない姿になった。

そうして何年かたったある日、ジョギングに出たものの、気分転換にいつもとは違うコースを選んだのが不運だった。急なカーブにさしかかったとき、猛スピードで走ってきた車にはねられたのである。

＊

天国が地球のはるか彼方にできてから何億年かが過ぎた。聖ペテロはその記念すべき日に盛大なパーティを催《もよお》すことに決め、各方面に招待状を送った。ところがアダムとイブ、ふたりの居所がわからなかった。それを知ったひとりの天使が、探す役割を志願した。聖ペテロは喜んで承諾した。さぞ時間がかかるだろうという予想に反して、天国の前の住人であるふたりを、ものの三十分とたたないうちに見つけだして、聖ペテロの前に連れてきた。

「むずかしい仕事なのに、どうやって成功したのかね？」

天使は得意そうな表情を浮かべて、答えた。

「簡単でした。臍《へそ》のないカップルを探したのです」

ところで、地獄の様子はどうだろう？

高名な神学者が亡くなって、天国へ昇った。翌日、神学者は聖ペテロの案内で、地獄のようすを見物に出かけた。その途中、高雅な顔立ちの詩人がエロティックな肢体の美女を膝にのせている光景に行きあわせた。

「ほう。あの詩人は女性の肉体を体験しないで生涯を終えたそうです。死後にあのような美女と暮らせるとは、地獄でも天国並みの厚遇を受けられる、ということでしょうか？」

聖ペテロは首を横に振った。

「いやいや。あの詩人は、淫《みだ》らな女を罰する役割を務めているのです」

ちなみにダンテの『神曲』では、地獄は第一圏から第九圏まであり、生前にどのような所業をしたかによって、暮らす圏がわかれる。肉欲に耽《ふけ》ったものが入れられるところは第二圏であり、ここにはクレオパトラやトロイのヘレナなどがいる。

数十年前のこと、ある伝道師がアフリカの奥地へ派遣された。その新しい任地へ着くと、彼はアメリカに残った妻に電報を打った。ところが手違いがあって、電報は別の町に住む同姓の女性へ誤配された。しかもその女性の夫は前日に死亡したばかりで、その女性は悲嘆にくれているところだった。彼女は涙でかすむ目で電文を読んだ。

そこにはこう書いてあった。

「サキホド　ブジ　ツイタ　ココハ　アツクテ　タマラナイ」

未亡人はつぶやいた。「あの人、やはり地獄へ落ちたのね」

＊

聖書には「汝《なんじ》の隣人を愛せよ」とあるだろ？　おれは大賛成なんだ。だけど、彼女の夫が邪魔でしょうがないんだよ。

＊

「神父さま、宣教師は死んだら天国へ行き、人食い人種などは、別の国へ行くのでしょうか？」

「もちろん、わたしはそう信じています。宣教師は神さまの教えを広めるため、未開の土地までも足を運ぶのですから」

「それなら、宣教師が人食い人種の腹の中にはいった場合には、どうなるのでしょう？」

＊

ある戦場で戦死した鬼軍曹が、下界の部下に大声で呼びかけた。

「おーい、ジョン。こっちへ来い。おまえは死を恐れないのだろう。おれと代わってくれ。天国はおまえの故郷だと言っていたじゃないか！」

部下も大声で応じた。

「そのとおりです。ですが、おれ、まだホームシックにかかっていないんですよ」

＊

男と神との会話。
男「神さま。一〇〇万年の長さはどれほどのものでしょうか？」
神「わたしにとっては、およそ一分間じゃな」
男「では、一〇〇万ドルはいかほどあるのでしょうか？」
神「わたしにとっては一ペンスじゃ」
男「神さま、わたしにどうか一ペンス恵んでくださいませ」
神「息子よ、一分ほど待っておくれ」

＊

ある神父が目覚めると、すばらしい天気だった。神父は勤めを投げだして、五〇キロほど離れたゴルフ場で過ごすことに決めた。

コースはがら空きだったので、さっそくファーストホールにとりかかった。

おりしも、はるか上空には神とイエスがいて、神父を見下ろしていた。

「きょうは安息日です。それなのに、あの男を好きにさせておくのですか？」

イエスが聞くと、神はおっしゃった。

「まあ見ていなさい」

下界の神父は、人生で最高のドライブを飛ばした。ボールは遠くまで飛んでから、一度バウンドして、グリーンを転がり、みごとにホールへはいった。

歓喜する神父の顔から目を離さずに、イエスはたずねた。

「どうしてあんなことを？」

神はおっしゃった。

「見なさい。このことを証明してくれる者はどこにもいないではないか」

＊

ふたりの神父が嘆いている。

「わたしたち神父の結婚は、いつになったら正式に許されるのだろうか？」

「さあねえ……」

「教皇さまが代わるのを待つしかないのかなあ？」

「さあ。われわれの子どもたちが成人してからではないかな」

＊

あるとき、天国と地獄で代表を選び、野球の親善試合をおこなおうじゃないか、という案がどこからともなく出てきた。

おもしろそうだということで、聖ペテロが世話役になり、地獄に顔の広い悪魔に打診してみた。

悪魔は、話を全部聞かずに、途中から笑いだした。

「どうしてそんなに笑う？　これは悪くない提案だと思うがね」

聖ペテロが怪訝《けげん》な表情を浮かべて聞くと、悪魔は遠慮なく言ってのけた。

「ペテロさまも、世間というものをご存じありませんな。試合なんかするまでもなく、地獄チームが勝つに決まっていますよ」

「ほう。なぜわかる？」

悪魔は声をひそめた。

「考えてもごらんなさい。地獄にはメジャーリーグの審判のほとんど全員がいるんですぜ」

＊

タパローニ夫人が、三歳の孫息子を連れて波打ち際を歩いていると、急に大波がきて、その子を呑みこんだ。

「おお、神さま。お願いです。わたしの孫を返してくださったら、なんでもいたします。教会へも行くし、献金もします。お祈りも毎日いたします。どうか、あの子をお返しください！」

すると、大波が孫息子を運んできた。怪我はどこにもなかった。

祖母は天を向いて、叫んだ。

「あんた。この子の帽子をどこへやったのよ！」

＊

不思議なことがある。誰もが天国はすばらしいところだと知っているのに、誰もが死にたがらない。

＊

どんな人が死後の生まれ変わりを信じているか、容易にわかる。死ぬときでも、自分の全財産を誰にも譲《ゆず》らないから。

＊

ゴルフの腕前をあげるには、三つの方法がある。レッスンを受けること、たえず練習すること、あるいはごまかし方が上手になることだ。

＊

女だって将来のことを心配するが、それは夫ができるまでのことである。

＊

強盗が拳銃を突きつけた。

「金を出せ」

「何のためだ？」

「と、友だちを埋めなくちゃならないんだ」

「気の毒にな……そいつは、いつ死んだのだ？」

「あしただよ。おまえがいま金をよこさなければ、つぎはおまえの番だぞ」

＊

「三日前、叔父がようやく安らかな眠りにつけたよ」

「知らなかった。病気だったのかい？」

「いや。病《や》んでいたのは叔母だが、三日前に永眠して、叔父がやっと平静を取りもどしたんだ」

＊

「みんな、あたしゃまだ死んでいないよ」

「死んでいないだって？　医者はそう言ったぞ」

「このわたしを見れば、わかるじゃろうが」

「とにかく、静かにしていてくれ。この村で、あの医者を嘘つき扱いすればどんなことになるか、おめえさんも知っとるだろう」

＊

このごろは臓器移植の技術が進み、人工臓器もいくつかできつつある。そうした医療技術の進展をうかがわせる墓石が某国の某所に立っている。その墓碑銘《ぼひめい》の要旨を紹介してみよう。

――ここに永眠中の者は、いくつもの手術を受けた。若かりしころに盲腸を摘出。以後、あるときは彼自身の腎臓《じんぞう》を提供し、その後幾年かたってから、人工腎臓を移植された。心臓も、肺も、手術の対象となり、人びとの役に立ち、また恩恵も受けた。まさに、医術進歩の渦中《かちゅう》に生きた代表的人間のひとりである――

あとがきに代えて

ノーマン・カズンズ（一九一五〜一九九〇）というアメリカ人の名前をご存じだろうか？　アメリカに「サタデー・レビュー」という評論誌があって、一九四二年から一九四七年のあいだに、この週刊誌の発行部数をおよそ二万部から六五万部に伸ばした凄腕《すごうで》の編集長だった。

つぎは、その伝説的な編集者にかんするジョーク。

＊

カズンズは仕事一筋で、日ごろ多忙にもかかわらず、愚痴《ぐち》ひとつこぼさない仕事人間だった。

あるとき、若手の編集者がそのことについて、わけを聞いた。

「あなたはなぜ休暇をとらないのですか？」

カズンズは答えた。

「わたしの留守中に、うちの雑誌の売れ行きが落ちたら困るからさ」

「そんなこと、絶対にありませんよ」と断言する部下に、カズンズはにやっと笑って、片目をつぶってみせた。

「だが、わたしの不在中に売れ行きが伸びたら、もっと困るんだ」

*

これはおそらく実話か、事実にもとづいた話だろう。

彼はその後、五十歳のとき、治癒率《ちゆりつ》五〇〇分の一という難病、硬直性脊髄炎《せきずいえん》にかかったが、理解ある主治医の協力を得て、必ず治《なお》してみせるという強い決意をいだき、ビタミンCを服用、そして喜劇映画やユーモア本を見る——そんなことをおもな治療方法として利用し、みごとに病気を克服した（ビタミンCが効《き》いたという説には、異論がある）。

こうしてカズンズは、彼自身の生還体験を本にまとめたうえ、笑いが良薬になることも身をもって立証した。

たとえば、彼自身の体験として、十分間大笑いすると、少なくとも二時間は痛みを感じないですむことがわかった。また、愉快なジョークを聞いてから数時間ごとに血沈を測ると、そのつど数値が下がっていた……。

このような彼の体験記は、アメリカの権威ある医学専門誌「ニューイングランド・ジャーナル・オブ・メディスン」にも紹介されて、大きな反響を呼んだ（現在、同誌に掲載される論文は、すべてではないが、日本語の訳がついていて、ネットでも読めるはずである）。

彼は、編集長の職を退いたのち、カリフォルニア大学の教授に転身。平和運動家、原爆批判者としての活動も精力的におこなった。広島を訪れたときに衝撃を受け、あちこちに働きかけて、一部の被害者たちをニューヨークへ連れていき、一流の病院で治療を受ける機会を与えた。このことを記憶している日本の高齢者は、少なくないだろう。

カズンズは広島の名誉市民となり、「アルバート・シュヴァイツァー賞」も受けている。

もう絶版になったものがあるかもしれないが、翻訳されたカズンズの著書名をあげておこう。

『笑いと治癒力』――岩波現代文庫（続編あり）。

『私は自力で心臓病を治した』――角川書店。

『５００分の1の奇蹟』――講談社。

『死の淵からの生還』――講談社。

『ヘッドファースト――希望の生命学』――春秋社

これらカズンズの著作は、出版のタイミングもよかった。それ以前にあらわれた哲学者たちの「笑い論」は、いわば論考的なものが多く、ヒトの笑いにはどんな種類があるか、笑うとき体の筋肉はどこがどのように動くか……といったことまで視野に入れた研究はなかったかもしれない。

カズンズの主張は、患者の立場からの治療にかんする発言としても、多くの医師が納得するという画期的な意義をもっていた。言い換えれば、カズンズの発見を受け入れる素地が医学界にできつつあった時期にあたる。たとえばウィリアム・フライ博士などは、腹の底から一分間笑うと、家庭用のエクササイズマシンでオールを十分間漕《こ》いだ後と同じ脈拍数に達することを発見していた。

つぎに、カズンズが残した言葉もいくつか紹介しておきたい。

＊

悲観することは時間の浪費である。

＊

人間の再生能力を過小評価してはならない。

＊

自信と希望がわれわれの免疫力を高め、コレステロールも下げる。

＊

われわれが恐れなくてはならない牢獄があるとすれば、つまるところ、それはわれわれの無気力と優柔不断だけである。

井《い》坂《さか》清《きよし》

著者略歴

一九三二年、高知県に生まれる。東京都立大学大学院人文科学研究科博士課程を修了。翻訳家。学生時代から諸外国の新聞、雑誌を購読し、興味深い記事を紹介してきた。なかでも「週刊新潮」の最後のページ（ジョーク欄）を四十年近く担当。同誌の「西洋新聞閲覧」も十数年担当した。また「週刊文春」「ハヤカワミステリマガジン」などでも欧米のジョークにかかわるページや海外の話題を紹介してきた。

訳書には『レッド・オクトーバーを追え』（トム・クランシー　文春文庫）、『死ぬには遅すぎる』（クリストファー・ムーア　講談社文庫）、『死にゆく者への祈り』（ジャック・ヒギンズ　ハヤカワ文庫NV）、『マインドハンター』（ジョン・ダグラス他　ハヤカワ文庫NF）、『ケネディのウィット』（ビル・アドラー　扶桑社）などがある。

紳士淑女《しんししゅくじょ》のジョーク全集《ぜんしゅう》

二〇一七年一二月一〇日　第一刷発行

著者　井《い》坂《さか》清《きよし》
発行者　古屋信吾
発行所　株式会社さくら舎　http://www.sakurasha.com
東京都千代田区富士見一-二-一一　〒一〇二-〇〇七一
電話　営業　〇三-五二一一-六五三三　ＦＡＸ　〇三-五二一一-六四八一
編集　〇三-五二一一-六四八〇
振替　〇〇一九〇-八-四〇二〇六〇

装丁　石間　淳
イラスト　久世アキ子
印刷・製本　中央精版印刷株式会社

ISBN978-4-86581-128-5